ロング新書

読める 書ける 意味が分かる 漢字力が自慢できる本

現代漢字研究会

はじめに

言葉は「読む」「書く」「話す」が基本です。このうち、難しいとされるのが「読む」「書く」で、特に日本語では漢字の複雑さが原因とされています。

本書では、この一冊で「読める」「書ける」「意味がわかる」の力を、まるごとつけていただきたく、漢字を選びました。

特徴としては、〝丸暗記は不要〟の立場をとっています。そもそも漢字は、一定の決まりごとから出来ています。その決まりごとを覚えてしまえば〝丸暗記〟は必要ないのです。

第二の特徴は、私たちがふだんの会話や手紙などを使うような「普通の日本語」を主に選んで収録したことです。

そして第三に、とにかく〝わかりやすいこと〟を心がけました。いずれの日本語表現、漢字の読み、書きにも例文を付し、明記したのはそのためです。

また本書では「整理して理解できる」「頭に入りやすい」「くり返し使うときに便利」ということで、あえて「あいうえお順」に漢字を並べました。そして漢字の部分より下を隠して何度でも、読み・書きをくり返しマスターできるようにしました。

ビジネスに、プライベートで、本書がお役に立てれば幸いです。

3章 漢字の読みを完璧にする

4章　四字熟語は人生の「真実」を教えてくれる

漢字は知れば知るほど面白い

1章

漢字がスラスラ書けるようになる

漢字を書き間違える「3つの原因」をチェック

漢字というのは、なかなか一筋縄ではいかないものです。「読めるけど、書けない」というケースが多いと思います。では、なぜ「書けない」のか？ 書けたとしても、どこが「間違っている」のか？ まず、その原因を知ることが大切です。

❶「同音異義語」に注意する

「書き間違い」で多く見られるのが、同音異義語の混同です。

たとえば「アう」。これを「彼と会う」ではなく「彼と合う」と書くと、「性格が合う、フィットする」、という意味に一変してしまい、場合によっては大変な誤解を生んでしまいます。

❷「部首」の確認をする

「部首」を間違えるというケースも、思いのほか多いので注意が必要です。

たとえば「穴をホる」というとき。これは人間の動作に関する動詞なので、部首（偏）は「扌」（てへん）になり、「掘る」と表記するのが正しいし、「ホッタテ小屋」も「掘って立てた小屋」なので「掘立小屋」が正しい表記になります。それを、ついつい「堀る」と書いてしまうのは、名詞のホリ（「堀」）が頭にあるせいでしょう。他にも「紙幣」の「幣」と「弊害」の「弊」との混同など（ともに部首は「巾」と「廾」）、現実にはかなり見られます。

❸字面《じづら》が似ている字に注意する

これに対して、音だけがまったく同じで、字面は似ても似つかない字の混用というミスも多いのです。たとえば「言語ドウダン」という四字熟語がそれで、正しくは「道断」ですが、つい「同断」と書いてしまう人があとを絶ちません。

一方、部首は同じなのに音はまったく違っていて、字面はほとんど瓜二つに見える字の混用というのもあります。「崇」と「祟」などはその代表格で、「崇」は「あがめる」、「祟」は「たたる」になります。

こんな恥ずかしい間違いはもうしない

【暇にアカセて】

×開かせて→○飽かせて

「暇に任せて」と使うのは誤用。「あかせて」が正しく、表記も「飽かせて」、つまり「ふんだんに使う」の意。

【アクが強い】

×悪→○灰汁

「あの人はアクが強い」とは「悪人」を意味する表記ではない。アクは「灰汁」で「渋みや苦味のある植物中の液」。「灰汁抜き」。

【アゲクの果てに】

×上げ句→○挙句

「挙句」または「揚句」が正しい表記。原義は「連歌や連句での最後の七・七の句」、転じて「終わり」の意。

【アワヨクバ両方…】

×泡良くば→○間良くば

「うまくいけば」の意だから、「泡」は直接の関係はない。このアワは「タイミング・間」の意なので、「間良くば」。

【イタク感じ入る】

×痛く↓○甚く

この「いたく」は、具体的な心身の「痛さ」をいうのではなく、「とても・はなはだ」の意。したがって「甚《はなは》だ」の「甚」で「甚《いた》く」。

【イチハヤク報告する】

×一早く↓○逸早く

この場合のイチは「一番」の意味ではなく、「突出して」ということ。その意の漢字が「逸品」「逸才」などの「逸」で「逸早く」。

【イヤシクモ男は…】

×卑しくも↓○苟も

この「いやしくも」の意は「かりそめにも」で、「卑しさ」とは無関係。したがって漢字表記も、その意の「苟も」。「苟」の音《おん》はコウ。

【子《し》イワく】

×日く↓○曰く

「いわく」でも「のたまわく」でもよい。どちらにしろ漢字表記では「日」ならぬ「曰」は口《くち》構えのなかに「舌」一枚、の漢字。

【話のウケウリ】

×受売り↓○請売り

いわば親元の情報を「下請け」して「売る」行為なので、「請売り」が正しい漢字表記。ただし、現在では「受売り」でも可とされる。

【ウチョウテンになる】

×有頂点↓○有頂天

「たいそう喜んで夢中になる」ことを「有頂天になる」というが、このチョウテンは「てっぺん」の意の「頂点」ではなく「頂天」。

【ウラナリの瓜】

×裏成り↓○末成

ウリ類などの植物の蔓《つる》の末のほうになる元気のない実なので、元気な「本成《もとなり》」に対して、「末成《うらなり》」。スエナリの誤読にも要注意。

【オエツする女性】

×嗚咽↓○嗚咽

「嗚呼《アア》」と同様、ここも「嗚」旁が（鳥《トリ》）ではなく（烏《カラス》）「嗚」。「咽」のエツの読み方は特例。

【イイグサが不愉快】

×言い草↓○言い種

「言種」の表記でもよい。ここでの「種」は「いろいろな種類」の意で、「種々」なら音《おん》はシュジュでも訓では「くさぐさ」。「質種《しちぐさ》」。

【イケウオ料理の店】

×生魚↓○活魚

「活魚料理」と書いて「いけうおりょうり」と読む。意は「生きている魚」だけでなく「活《い》きのいい魚」全般の料理。

【ウケに入《い》る】

×受け↓○有卦

「あのギャグはウケた」などという場合の「ウケ」は「受け」でよいが、「幸運期に入る」という意の場合は「有卦」。陰陽道だ。

【オウギを極める】

×奥儀↓○奥義

学問や技芸などの、もっとも深遠で会得《えとく》の困難な、重要な事柄。「芸道の奥義を極める」などと用いる。「義」は意味・主旨。

【オクレバセながら】

×遅ればせ↓○後れ馳せ

このオクレは「人におくれをとる・後塵を拝する」の「おくれ」で、漢字では「後れ」。バセは「馳せる」ということ。

【オソマキながら…】

×遅巻き↓○遅蒔き

本来は農業用語。ここでのマキは当然「たねまき」のそれを意味し、「蒔き」。つまりは「たね蒔きが時季遅れ」ということ。

【人をオトシメる】

×落としめる↓○貶《おとし》める

結果的には「落としめる」ことなのだが、その行為には相手をケナす面が内包されているので、「貶《けな》す」の字を使い、「貶める」。

【今がカキイレ時】

×掻き入れ↓○書き入れ

お金をどんどん「掻き入れ」る時ではない。どんどん儲かるので売上げを帳簿に「書き入れ」る時をいう。今ならコンピュータ入力。

【仕事にカコツケる】

×格好付け↓○託け

「格好付ける」でも「恰好付ける」でも不可。「かこつける」とは、何か別のことに「託してしまう」ことで、漢字表記も「託ける」。

【良心のカシャク】

×苛責、仮借↓○呵責

自分の内なる良心が自分の非を「叱り責める」ことを「良心の呵責」という。「呵」は「しかる」。「苛《いじ》める」のではない。

【カタヒジ張る】

×片意地↓○肩肘

カタヒジと書いてある場合はそれほど誤記もないが、会話ではよく「片意地張る」といっている人がいる。正しくは「肩肘張る」。

【他人の名をカタる】×語る→〇騙る

「相手を安心させてダマす」ことを「かたる」という。そのダマすの漢字「騙」を使い、「騙る」。「騙す」とあれば「だます」。

【カネガネ承っている】×兼々→〇予々

「かねがね」とは「前もって・以前から」という意。したがって、「前もって」の意の「予」を使い、「予々」。「予《かね》てより」なども。

【ガリョウテンセイ】×画竜点晴→〇画竜点睛

よく誤記されるのがテンセイのセイの字。これは「晴」ではなく、「睛」。すなわち「ひとみ」の意。「画竜点睛を欠く」が決まり文句。

【カンペキな仕上り】×完壁→〇完璧

カンペキの意は「みごと・申し分なし」なので、玉「壁《かべ》」とは直接の関係はない。ここは「非の打ち所なし」の意。音《おん》もヘキの「璧」。

【キカン気の強い子】 **×聞かん↓○利かん**

「聞かん気」「効かん気」は誤字。これは「利かん気」で、「利」は「鋭い・素早い」転じて「なめらか」の意。「強情っぱり」のこと。

【キゲンを直す】 **×気嫌↓○機嫌**

気分に関することなので「気嫌」と書きがちだが、正しくは「機嫌」。原義は「人の嫌う事」、転じて「気分」。「機＝作用」。

【キモイリの団体】 **×肝入り↓○肝煎り**

原義は「肝を煎るほどヤキモキする」、転じて「心配する」、さらに転じて「骨を折る・世話をする」の意になったとか。

【キュウヤク聖書】 **×旧訳↓○旧約**

古い日本語に訳された聖書だからキュウヤクと呼ぶのではなく、ここでのヤクは神と人間との「約束・契約」の「約」。「新約聖書」。

【進退をキワまる】 **×窮まる↓○谷まる**

「窮まる」でも「極まる」でも間違いではないが、中国の『詩《し》経《きょう》』から引かれた言葉なので、原点に忠実に「谷まる」とするのが正統。

【異ク同音】

×句↓○口

「異句」では単なる「異なる句」。ここでの「異ク」は「異口」で、「異なる口」すなわち「いろいろな人」。「同音」は「同じ言葉」。

【髪をクシケズる】

×櫛削る↓○梳る

「櫛削る」では「櫛を削る」の意になってしまう。ここは「櫛で髪をすく・ととのえる」の意なので、「梳る」。「梳」は「歯の粗い櫛」。

【なかなかのクセモノ】

×癖者↓○曲者

「ひと癖ある人」また「あやしい人」が「曲者」で、この「曲」の意は「まっすぐでない・素直でない」。「曲球」なら「くせだま」。

【クロゴ役に徹する】

×黒子↓○黒衣

歌舞伎で黒づくめの衣装で動き回る「存在しないことが前提の下働き役」が、クロコではなくクロゴ。「黒子」ではホクロの意に。

【餌をクワえる】

×食わえる↓○咥える

「食う」「食わせる」という表現はあっても「食わえる」はない。これは「咥える」または「銜える」で、馬の口のハシは「馬銜《ばかん》」。

【にわかにケシキばむ】

×景色↓○気色

「急に怒りの様相が現れる」ことを、決まり文句ではこう書く。したがってケシキは「気色」。「気色悪い」とあれば「きしょく悪い」。

【ケビョウで欠勤】

×化病↓○仮病

ケビョウとは「化ける病」ではなく、本当ではない「仮りの病」のこと。「仮」をケと読む例は、ほとんどこの熟語くらいの、特例。

【コウテツ人事】

×更送↓○更迭

テツという音《おん》の字を探すときに参考の一つとするのによいのだが、旁《つくり》に「失」のある字だ。「蹉跌《さてつ》」また新字としての「鉄」がそれ。

【コウトウ試問】

×口答↓○口頭

ペーパーテストならぬ面談テストなので「口答」と書きたくな

るが、正しくは「口頭」。すなわち、頭を向かわせて「口で述べる」の意。

【コケの一念】

×苔↓○虚仮

たしかに「苔」も辛抱強くタフだが、ここでの意は「愚か者が一事に集中してとことんやりとげる思い」なので、「愚か者＝虚仮」。

【コトゴトク失敗】

×事々く↓○悉く、尽く

「ことごとく」とは「すっかり・残らず」の意で、漢字表記では「悉く」また「尽く」。「悉」の音はシツで「悉皆」なら、シッカイ。

【ゴンゴドウダン】

×言語同断↓○言語道断

注意すべき点は二点。一つは「言語」で、このままならゲンゴだが、「言語道断」ならゴンゴ。もう一つは「道断」。「同断」では別の意。

【サマツな事柄】

×些末↓○瑣末

「ササイなこと」とあれば「些細」でよいが、サマツは「瑣末」。この「瑣」の意は「こまかい」。「鎖」と同様、旁が「貨」なので、サ。

【ザンジ休憩】

×漸次↓○暫時

「しばらくの間、休憩」を「ザンジ休憩」という。そのザンの音《おん》をもち、「しばらく」の意を持つ漢字は「暫」なので、「暫時休憩」。

【シシオドシの響き】

×獅子威し↓○鹿威し

ライオンなど見たこともなかった昔の日本では、シシといえば、「鹿」（または「猪」）を指した。その鹿を威した水利用の竹筒がこれ。

【一万円のシヘイ】

×紙弊↓○紙幣

「弊」と「幣」はよく誤記されるが、その「弊害」は大きい。というのも、まるで逆の意だからだ。良いのは「幣」で、「御幣《ごへい》」も。

【ジャッカン十七歳】

×若干↓○弱冠

「若干」は人材募集などで「若干名募集」などと使われる言葉で、意は「いくらか・少しばかり」。ここは「若い」の意で、「弱冠」。

【同好会のシュシ】

×主旨↓○趣旨

「主旨」だと「文章や論説などの主たる意味・中心となる意味」

になってしまう。ここは単なる「趣き・目的」なので、「趣旨」。

【ジュズつなぎ】 **×珠数↓○数珠**

仏教で用いるあのジュズである。音《おん》どおりに書けば「珠数」で正しいようだが、本来は「ずず」であるから「数珠」が正しいとか。

【囲碁のジョウセキ】 **×定跡↓○定石**

「将棋」の場合なら「駒を指す」ので「定跡」になる。対して「囲碁」は、パチンと「石を打つ」ので「定石」。混同に要注意。

【シリゴミする】 **×尻込み↓○後込み**

「尻込み」でもよいが、本来の意は「尻を引く」ことではなく、「後《うしろ》へさがる・後《あと》じさりする」ことなので、「後込み」。「後＝しりえ」。

【世界がシンカンする】 **×震感↓○震撼**

「ふるえ動かす」ことが「震撼」で、「撼」の意は「ゆする・うごかす」また「うごく」。したがって、震撼「する」「させる」どちらも可。

【シンダイが傾く】

×身台↓○身代

このシンダイは「資産」の意で、何かを乗せる「台」ではない。したがって、「身代」。ちなみに「身代金」なら「みのしろきん」。

【シンチョク状況】

×進渉↓○進捗

「進渉」ではシンショウとしか読めない。正しくは「進捗」で、意は「はかどり進む」こと。「捗」の音がチョク、意が「はかどる」。

【スイコウを重ねる】

×推稿↓○推敲

唐の詩人が「月下の門」を「推《お》す」にすべきか「敲《たた》く」にすべきかでさんざん悩んだ故事に由来する言葉で「文章を練り直す」こと。

【設計セコウ業者】

×施行↓○施工

誤読・誤記、ともに要注意の熟語で、「施行」とあれば読みはシコウ、「法律の施行」など。「施工」ならセコウで「住宅の施工主」等。

【セツナ主義】

【双方セメギアウ】

【センガクヒサイ】

【ソウスイの地位】

【球界のソウヘキ】

×殺那↓○刹那

「刹」は、永遠といえるほど長い時間を意味する「劫」の対語で、意は「一瞬・その時のみ」。音はセツで、呉音ならサツ（「名刹《めいさつ》」）。

×攻めぎ合う↓○鬩ぎ合う

たしかに「攻め合う」ことだが、それなら「ぎ」は不用。ここでの意は「せめぐ・言い争う」で、漢字では「鬩」、音はゲキ、の難物。

×浅学非才↓○浅学菲才

よく誤記するのは、ヒサイ、のほうだろう。これは「菲才」で、「菲」は「うすい」（野菜の「かぶら」の意も）。謙遜の表現。

×総師↓○総帥

「師」にはシの読みしかない。スイなら「帥」。「元帥」ならゲンスイ。「帥」の意は「一家一門の長」で、「師」に負けず劣らず偉い。

×双壁↓○双璧

「双壁」では単なる「二つ並んだ壁《かべ》」になってしまう。ソウヘキの意は「いずれ劣らぬ見事な宝石」なので、「璧」を使い、「双璧」。

【タイカなく過す】

×大禍↓○大過

「大禍」などと書きがちだが、このタイカは、大きな「禍《わざわ》い」ではなく「過《あやま》ち」なので、「大過」。

【悪霊《あくりょう》のタタリ】

×祟り↓○崇り

「崇」は「崇拝」「崇敬」などと使われる。「あがめる」の意の漢字で、音《おん》はスウ。「たたる」のほうは「神＝示」が「出」るで、「祟る」。

【換骨ダッタイ】

×奪体↓○奪胎

「骨抜きにする」ことではなく、古人の詩や文章の一部を変えて、「自分の作品」としてしまうこと。「胎」は「かんじんかなめの部分」。

【タユマぬ努力】

×絶ゆ間ぬ↓○弛まぬ

「絶ゆ間ぬ」という日本語はないし、「怠まぬ」でも読みようがない。これは「たゆむ・たゆまぬ」で、「ゆるまぬ」と同義の「弛まぬ」。

【ダンカイの世代】

×団魂↓○団塊

「団魂」と誤記する人が多いのは「鬼」の字のせいか。「団魂」ではダンコンとしか読めない。「団子状の塊《かたま》り」なので「団塊」。

【チクイチ報告する】

×遂一↓○逐一

「遂」の音はツイまたはスイで、チクとは読まない。チクは「逐」で、熟語に「逐電《ちくでん》」「放逐」などがあり、音は「おう（追う）」。

【ツかず離れず】

×付、着↓○即

「着」はともかく「付」のほうは「付かず離れず」で必ずしも間違いではないが、元の熟語が「不即不離」なので厳密には「即かず」。

【耳をツンザク悲鳴】

×突ん裂く↓○劈く

「劈頭《へきとう》」などと使われる「劈」の字の意は「つんざく」。で「劈く」と使って、意は「突き裂く・強く破る」。難読の部類にも入る。

【超ド級の衝撃】

×怒、努↓○弩

「超弩級」と書く。「弩」とは、下に「弓」の字があることからもわかるとおり、「大型の弓」のこと。ドの音は「奴」の旁《つくり》からきている。

【大工のトウリョウ】

×頭領↓○棟梁

「大統領」とか「頭目」といった言葉が、あるいは災いとなっているのかもしれない。ここは「棟《むね》」と「梁《はり》」を司る人なので「棟梁」。

【ドンヨクに儲ける】

×貧欲↓○貪欲

「貧」の音はヒンで、ドンは「貪」、意は「むさぼる」。ただし、「貪欲」は正しくはトンヨクで、ドンヨクは慣用読。

【ナオザリにする】

×直去り↓○等閑

「いい加減に放っておく」ことが「なおざり」で、漢字は「等閑」。「等閑に付す」の場合はトウカン。

【ネボケマナコ】

×寝呆け眼↓○寝惚眼

ここでのボケは「呆け」ではない。「何かに意識を奪われて、ボーッと」の意で、漢字では「惚」。あの「惚れる」の「惚」である。

【ノルカソルカ】

×乗るか外るか↓○伸るか反るか

誤記の多いのは「のる」で、これは実は「のびる」という意。それも、刀の話だとかで、「伸《の》る」は失敗作、「反る」が成功作との由。

【ハズカシめを雪《そそ》ぐ】

×恥ずかし↓○辱

「辱め」と書いて「はずかしめ」と読む。「辱」は「恥」をしのぐハジ。この熟語版が「雪辱」。

【裾がハダける】

×肌ける↓○開ける

「はだける」とは「肌が出る」という意ではなく、「開く・大きく広げる」ということ。

【徳川家康のフクシン】

×腹臣↓○腹心

意は「真に信頼できる部下」だから、つい「臣下」の「臣」を使って「腹臣」と書きたくなるが、原義は「心の奥」なので「腹心」。

【フクゾウなく語る】

×腹臓↓○腹蔵

「腹」とくると、つい「内臓」なので「腹臓」と書きたくなるが、ここでのゾウは「しまっておく・しまってある」の意なので「蔵」。

【ホウホウの体《てい》】

×方々↓○這々

「ほうほうの体」とは、要するに「まさに這《は》うがごとくの様」、転じて「さんざんな様」をいう。したがって、「這々の体」。

【ホシイママにする】

×欲しいまま↓○恣

「恣」で「ほしいまま」と読む。正しくは「ほしきまま」で、その音便。意は「自分の思うとおりにふるまう様」。「擅」「縦」とも。

【ホトボリが冷める】

×火照ぼり↓○熱

「火照る」と書いて「ほてる」と読む。それを用いて「火照ぼり」と書ける実力はなかなかだが、ここは素っ気なく一字で「熱」。

【マゲテお願いする】

×曲げて↓○枉げて

ここでの「まげて」は「無理にも・ことさらにも」の意なので、「枉げて」。「方を枉げる」とも。

【話をマゼ返す】

×混ぜ、交ぜ↓○雑ぜ

本来のかたちを勝手に崩してゴチャゴチャにしてしまう行為を、「まぜ返す」という。で、その原義が「雑然」なので、「雑ぜ返す」。

【波のマニマに】

×間に間に↓○随に

これは「波間、波間に」ということではない。波の「なすがままに」という意で、したがって使用漢字も「おまかせ」の意の「随」。

【マンエンする噂】

×漫延↓○蔓延

このマンは「漫」でも「慢」でも不可。マンエンの原義は「蔓《つる》が広がってびっしりとはびこる」ことなので、そこから「蔓延」。

【ミダリに騒がしい】

×乱りに↓○妄りに

「乱りに」でも、現在は間違いではないとされている。が、本来の正統な表記は「妄りに」。意は「わけもなく・むやみに」。

【唖然と眼をミハる】

×見張る↓○瞠る

「見張る」でも必ずしも間違いとは言い切れないが、どちらかといえば「警戒して見張る」ことで、「瞠目《どうもく》」の意ならやはり「瞠る」。

【ムガムチュウ】

×無我無中↓〇無我夢中

「夢我夢中」も「無我無中」も誤記。「我を無くし（失い）、夢の中」なので、「無我夢中」。「無」「夢」ともに音がムなのが混乱の原因。

【メイメイに配る】

×名々↓〇銘々

各人が「名前」をもっているからメイメイなのではない。「一人ひとり・おのおの」の意だからメイメイで、その意の漢字は「銘」。

【来週をメドに頑張る】

×目途↓〇目処

「めざすところ・目標・めあて」を意味するメドは「目処」と書く。分解すれば「目当てとする処」で、「目途」とは微妙に意味が異なる。

【モチゴメの和菓子】

×餅米↓〇糯米

あの「餅」をつく米だから「餅米」でよさそうだが、日本人がわざわざ考案した漢字が「糯」で、これを使い「糯米」。国字である。

【人をモテアソブ】×持て遊ぶ↓○弄ぶ

たしかに原義は「持ちて遊ぶ」なのだが、漢字表記は「玩弄《がんろう》・翻弄《ほんろう》」の「弄」を使い、「弄ぶ」。また「玩ぶ」「翫ぶ」でもよい。

【ユメユメ油断するな】×夢々↓○努々

訓戒調に「けっして……するなかれ」というのを「ゆめゆめ……するな（かれ）」と表現する。原義は「努めて」。「努々」。

【ユルガセにしない】×揺るがせ↓○忽

意は「揺らさない」ではなく、「おろそかにしない・なおざりにしない」ということ。で、「忽《おろそ》か」の「忽」一字で「ゆるがせ」。

【ヨリを戻す】×寄り↓○縒り

糸を交差させるなどして「縒《よ》った」紐《ひも》を、クルクルと「元に戻す」と、どうなるか。「原状回復」で元通り。すなわち「縒りを戻す」。

【一陽ライフク】×来福↓○来復

この「陽」は「陰陽」の「陽」で、「よい事」また「春」のこと。で、「凶事去り、再び善事復《かえ》る」「冬去り、春来る」なので、「来復」。

【リュウリュウ辛苦】×隆々↓〇粒々

ここでのリュウは「米の一粒」のこと。その辛苦で「粒々辛苦」。

【細工はリュウリュウ】×隆々↓〇流々

「筋肉リュウリュウ」なら「隆々」だが、ここは「その流派一流のやり方」また「流儀」の意のリュウリュウなので「流々」。

日本の一年　月の名前書けますか

一月	睦月	むつき
二月	如月	きさらぎ
三月	弥生	やよい
四月	卯月	うづき
五月	皐月	さつき
六月	水無月	みなづき
七月	文月	ふみづき
八月	葉月	はづき
九月	長月	ながつき
十月	神無月	かんなづき
十一月	霜月	しもつき
十二月	師走	しわす

レベルアップ、これが書ければ自信が持てます

【アア、また駄目か…】○嗚呼

「嗚呼」で「ああ」と読む。「嗚」の旁《つくり》は「烏」で、ウ、カラス。

【アイロに陥る】○隘路

「隘」は音がアイで、意は「せまい」。「隘路」は「せまい道」また「わかりにくい道」の意。

【アナガチ違うとも…】○強ち

「恰ち」でアナガチとは読めないし「穴勝ち」ではもっと意味が通らない。「必ずしも」の意なので。「強いて」の原義で「強ち」。

【アラカタ終了する】○粗方

精密にでもなく精妙にでもなく、ごく大雑把に「ほぼ・おおよそ・大体」というのが、「あらかた」。「精」の対語「粗」で「粗方」。

【ウズタカク積もる】○堆く

「ウズタカイ波」でも同様で、「渦高い」ではなく「堆い」。「堆積」の「堆」一字で「うずたかか」と読む。「盛り上がって高い」の意。

【イタイケな少女】

○幼気

原義は「痛々しいほど幼い」という意味だが、「幼さ」を特に強調する表現なので「幼気」。

【オカド違いの質問】

○御門

これは「門」を「かど」と読むことを知っていれば間違えることはない。「門松《かどまつ》」の「門」で、つまりは「家の印」。

【オモムロに話す】

○徐ろ

「ジョコウ運転」の標示は「除行」ではなく「徐行」。「徐」の意は「ゆっくり・静か」で、「おもむろ」も「徐々」の「徐」。

【カイコンの日々】

○悔恨

己れを「クやみウラむ」ことなので「悔恨」。カイが「侮」になると音《おん》はブ、意は「あなどる」に。

【カサにかかる】

○嵩

ここでのカサは「相手を威圧する大きな量・勢い」の意で、「笠」や「傘」では軽すぎる。「嵩張《かさば》る」の「嵩」を使い、「嵩にかかる」。

【ばったりカチアう】

○搗ち合う

「偶然に一緒になる」ことを「かちあう」といい、漢字表記は、「搗ち合う」。「搗」は、臼《うす》でモチを「つく」の「搗く」。

【カマをかける】

○鎌

相手を脅迫し、白状させるために、相手の首に「鎌をかけ」たのが語源であるとか。

【キメこまやか】

○肌目、肌理

正しくは「肌理」と書き、読み方もキリなのだが、現在ではこれでキメとも読ませているので、そこから「肌目」でも可という次第。

【キョウアイな見方】

○狭隘

よく誤記されるのがキョウアイのアイで、「狭溢」ではキョウイッとしか読めない。正しくは「狭隘」で、「隘」は「せまい」（「隘路《あいろ》」）。

【処理にキュウキュウ】

○汲々
「あくせくして一心に努力する様子」を「汲々」と形容する。「汲」は、水などを「くむ」の意。「窮」しているわけではなく、「必死」。

【キョウマンな態度】

○驕慢
「嬌慢」だと「嬌」の意が「なまめかしい」なので妙な意味になってしまう。正しくは「おごり高ぶって人を侮《あなど》る」なので、「驕慢」。

【ケイガンの士】

○慧眼
「眼光ケイケイ」なら「炯々」で、この字で炯眼と書いた人はむしろかなりの漢字通。ここでのケイは、「慧」。「知慧《ちえ》」の「慧」である。

【ケイケンな信徒】

○敬虔
「うやまいつつしむ」ことを「敬虔」という。「虔」は、神仏に対する「つつしみ深い」という意。読み方も、ブン、モンでなく、ケン。

【ケイチョウ浮薄】

○軽佻

ここでのケイチョウとは「軽く跳《と》ぶ（ような）」ことではなく「軽くあさはか」の意。「あさはか」の意の漢字「佻」を用い「軽佻」。

【ゲンをかつぐ】

○験

このゲンは「縁起・前兆」の意。つまりは「効験・霊験」でもある。その「験」を用いて、ケンならぬ、ゲン。濁るところがミソ。

【妙なコジツケ】

○故事付け

コジツケとは「そんな故事などないのに、あたかもあるかのごとく言う」ことで、漢字表記もそのまま「故事付け」。

【コンコンと湧く泉】

○滾々

「混々」でも「渾々」でも不可。あまり見慣れない「滾」の字を使って「滾々」。「滾」は「湧き出す」の意で、「滾々」だと、なお盛ん。

【コンジョウの別れ】

○今生

意は「この世に生きている間に再び会うことがない別れ」。したがって、「今の世」の意の「今生」となる。「今上」はキンジョウ。

【サナガラ雪のような肌】

○宛ら

「さながら」とは「あたかも・まるで」の意。これに用いられる漢字が「宛」で、「宛ら」なら「さながら」、「宛も」なら「あたかも」。

【サユで薬を服《の》む】

○白湯

味も色もない、ただのお湯なので「白湯」と書いて「さゆ」とは、典型的な当て字。「更湯」、また「冴湯」も、不可。

【読書ザンマイ】

○三昧

「三味」としてしまうと、読みはサンミで、意は「三つの味」。一方「三昧」はザンマイで、意は「心を一つに集中する」。

【シタタカな態度】

○強か、健か

「強か」または「健か」でもよい。いずれにせよ「タフでメゲない」ことで、けっして「ずるい」ことは意味しない。「強か者」とも。

【案のジョウの結果】

○定

「案の上」では、よく意味が通らない。正しくは「案の定」で、意は「予想した通り」。「案」が「予想」、「定」が「お定まり」の意。

【強制ショウカン】

○召喚

「召」は「よびよせる」、「喚」も「よぶ」の意で、「召喚」は「呼び寄せる」こと。「招く」のでもなく、「交換する」ことでもないので注意。

【意気ショウテン】

○衝天

「昇天」では、せっかくの「意気」が「死亡する」ことになってしまう。これは「意気が天を衝《つ》くほど盛ん」の意なので、「意気衝天」。

【すっかりショゲル】

○悄気る

「意気ショウチン」なら「消沈」でよいが、ここでのショ（ショウ）は「ひっそりと寂しい」の意。「悄然」の「悄」で「悄気る」。

【スゴスゴと退散】

○悄々

何かを「過ごす」わけでもなく、また「凄い」わけでもない、いわば「しょんぼりと・悄然と」が、「すごすごと」。で、「悄々と」。

【スダく虫の音】

○集く

「集く」を「すだく」と読ませるのは実は、慣用を大目に見ての特例とか。「集まり群がる」の意が、「群がって鳴く」の意に転化。

【スッタモンダ】

○擦った揉んだ

「すったもんだ」とは「さんざんもめる」ことをいう。したがって、「擦《こす》ったり揉んだり」で「擦った揉んだ」。

【セイゼイ課長止まり…】

○精々

「せいぜい」の意の底にあるのは「精一杯」ということ。したがって漢字表記も「精々」。「清々」だとセイセイで、「気分が清々した」。

【セイチュウを加える】

○掣肘

書くのも読むのも難しい部類の熟語。意は「はたから干渉して自由にさせない」こと。それには「肘《ひじ》」を「掣＝ひっぱる」ので。

【セイテン白日《はくじつ》の身】

○青天

【センザイ一遇】

【ゼンジ実行する】

【ソッポを向く】

【耳をソバダてる】

「晴天」など比較にならない、どこまでも澄み渡った清らかな空を「青天」と比喩する。「セイテンの霹靂《へきれき》」も「青天の霹靂」。

○千載

ここでのセンザイとは「千年」の意なので「千歳」でもよさそうだが、「千載」。「載＝年」なのだ。意は、それほどの「絶好機」。

○漸次

「しだいに・徐々に」の意が、ゼンジ。で、ゼンの音《おん》で「しだいに」の意をもつ漢字といえば「漸」なので、「漸次」。

○外方

ソッポの語源はソッポウで、すなわち、こちら側ではない「外の方・よそ・外《そ》れた方角」をいう。で、「外方」。難読熟語でもある。

○欹てる

書くのも読むのも難しい漢字表記ではある。ソバダテる、の意は「そばに立てる」ではなく「一端を上げて傾ける」。「欹《そばだ》つ」。

【ソリが合わない】

○反り

「刀」と「鞘《さや》」から来た表現で、刀の「反り」と「鞘」の合性のこと。ウマが合うなら「馬が」。

【タカが知れている】

○高

このタカは「程度」といった意なので、「高」。「高を括《くく》る」「高々五十石」などの場合も同。

【両軍タイジする】

○対峙

多い誤記は「峙」ではなく「峠」や「時」。「峠」は日本産の国字なので音《おん》をもたず、「とうげ」の訓読みのみ。ここは音がジなので、旁《つくり》は「寺」で「峙」。

【春風《しゅんぷう》タイトウ】

○駘蕩

ここでのタイトウの意は「のんびり、のどか」。で、「春風駘蕩」となる。

【タッテのお願い】

○達て

何かを「断って」でもなければ、直立不動で「立って」お願いするのでもない。「切《せつ》なる・是非とも・貫く思い」の意なので、「達て」。

【源氏のチャクリュウ】

○嫡流

こういう血統・血筋に関する言葉の場合は、まず「女」偏を思い浮かべるのがポイント。「嫡出子《ちゃくしゅつし》」「嫡男《ちゃくなん》」の「嫡」で、「嫡流」。

【顔写真をチョウフ】

○貼付

さて、チョウフなんて言葉があったっけ……と思った人は「貼付」をテンプと読み慣わしてきた人だろう。「貼付」でチョウフ。

【ツイゾ見かけぬ】

○終ぞ

「いまだかつて一度も……ない」という否定の構文が「ついぞ……ない（ぬ）」。そこに内包されている意は「終局」なので、「終ぞ」。

【ツツガナク完了】

○恙く

「無事に・災いもなく」というのが「つつがなく」の意。ではここでのツツガとは何かといえば、あの「恙虫《つつがむし》」のこと。「災難」だ。

【ツトに名高い】

○夙に

「夙」は、音はシュク、意は「早朝」転じて「早くから・以前から」にも。その意をとり、「夙に」の表記に。

【テキメンの効果】

○覿面

「覿」の音はテキ、意は「見る・面会する」。「覿面」は原義が「面前に・あたり一面に」、転じて「目のあたり・たちどころに」の意に。

【縁日のテキヤ】

○的屋

フーテンの寅さんなどの、あのテキヤは、一説には江戸時代以降の矢の「的当《まと》て」とか。その正否はともあれ、現代でも「的屋」。

【罪をデッチ上げる】

○捏ち

粘土などを「こねあげる」と同義なので、「捏造《ねつぞう》」の「捏」を使用。

【テンとして恥じず】

○恬

他人が何をいおうと平気で、あるいは堂々と誇りをもって恥じない様が「恬として」の意。「恬淡《てんたん》」の「恬」で「こだわらず」。

【顔写真をテンプ】○添付

テンプとは「貼り付ける」ことではなく、「添えて付ける」ことをいう。したがって「添付」。「貼付」だと、読みはチョウフになる。

【トクとご賞味あれ】○篤と

この「とくと」の意は「念入りに・じっくりと・丁寧に」というもの。「篤実《とくじつ》」の「篤」で「篤と」。

【ナカンズク彼は…】○就中

「就中」に返り点をつけて「中ニ就く」なので「なかんず（づ）く」となるわけだが、平仮名でも可。

【ナマナカな覚悟】○生半

「中途半端な覚悟」を「生半な覚悟」という。「生半」を分解すれば、「生煮え」の「生」と、「半端」の「半」。つまりは未熟な状態。

【ヌイシロが不揃い】○縫代

このシロの意は覚えておいたほうがよい。「有用な空白の幅」といった意で、この「縫代」の他にも「糊代」「苗代《なわしろ》」などがある。

【ノッピキならぬ】

○退引、退っ引き

「退引」また「退っ引き」どちらの表記でもよい。これで「のっぴき」で「退《の》き引《ひ》き」のこと。ポイントは「退く」を「のく」と読むこと。

【ハッピ姿の若い衆】

○法被

もともとは仏教用語の「法被」とか。そのホウヒ（ハフヒ）が転訛してハッピ。また「半臂《はんぴ》」の転とも。

【ヒイテは君のため】

○延いては

「その延長として」の意がこめられているので「ひいては」は「延いては」。

【感激もヒトシオ】

○一入

この場合のヒトシオは「ひときわ・いっそう」の意で、染物用語の「一回浸《ひた》す」の「一入」。

【フクスイ盆に還らず】

○覆水

「履」の字のなかには「復」の字が入っているが、読み方は、リ。

フクは「復」の上が覀で「覆」。「覆《くつがえ》る・覆《おお》う」の意。

【すっかり老いボれる】

○耄

モウロクの漢字表記を知っていれば簡単に書けるかもしれない。「耄碌」で、「耄」の音がモウまたボウ、意は一字で「おいぼれる」。

【植物のホウガ期】

○萌芽

「萌芽」ではホウボウとしか読めない。「茅」は音でボウ、訓で「かや・ちがや・ち」で、「茅ヶ崎」のチは訓読み。「芽」は「め」。

【仕事にボウサツされる】

○忙殺

このボウサツは「謀《はか》られて殺される」のでもなければ「忘れ去られて殺される（「忘殺」）」わけでもなく、「多忙」なので「忙殺」。

【ホウテイで争う】

○法廷

テイを延と書くのは、しばしば見られる誤記。「延」はエン。テイは「廷」。字面があまりにも似ているので校正者泣かせでも。

【マシテこの世は…】

○況して

【ママならぬ恋】

【ママゴト遊び】

【マメマメしい】

【初冬のミギリ】

この「まして」は「増《ふ》やして」の意ではなく「況《いわ》んや」の意。で、漢字表記でも「況して」。難しい。

○儘

このママは「思いどおり・そのとおり」の意。「そのママで放置」のママだ。したがって、使用漢字も、ごくありふれた「儘」となる。

○飯事

このママは、古い伝統的な日本語の「まま」で、すなわち「ごはん・食事」。で、「飯事」。

○忠実忠実しい

とんでもない当て字ではあるが、ともあれ「彼はマメだ」なら「彼は忠実《まめ》だ」、「まめやか」なら「忠実やか」、「まめ心《ごころ》」なら「忠実心」。

○砌

手紙文の冒頭の挨拶の常套句。「みぎり」は「水限《みぎり》」で、「水際《みずぎわ》」

の意。それに「階段や軒下の切り石の石畳」の意の「砌」を当用。

【ムキになって怒る】

○向き

意外かもしれないが、この「向き」とは「一定の限定された狭い方角」を指す。つまり、感情が、そんな「向きになる」という次第。

【来年度をモクトに設置】

○目途

モクトとは「見込み」といった意で、「目処《めど》」が俗っぽい表現なのに対して、こちらは硬い公用語の趣き。メドと読まないよう注意。

【ヤブサカではない】

○吝か

「……するにヤブサカではない」とは、「そんなケチなことはしません、やりますよ」ということ。漢字表記も「吝嗇《りんしょく》」の「吝」で。

【ヤマシイ気持ち】

○疚しい

「気がひける・うしろぐらい」が「やましい」の意で、原義は「病む」でも表記は「疚しい」。

【人をヤユする】

○揶揄

ヤユは言葉でするものだから、ユに「喩」を使いたくなるのもわかるが、ここは「揶＝からかう」「揄＝からかう」で「揶揄」。

【ヤラズの雨】

○遣らず

「行かせない・帰さない」の意が「やらず」で、したがって漢字表記も「派遣」の「遣」で「遣らず」。

【ワイロを渡す】

○賄賂

金品が主役なので、ワイもロも「貝」偏になり、「賄賂」。

【ワザワザ足を運ぶ】

○態々

「故意故意」の当て字でも不可。「態度」の「態」には「わざ」の読みがある。「態《わざ》と」「態《わざ》とらしい」など。

神様のお名前はちゃんと覚えましょう

明神	みょうじん	霊験ある神、神の敬称、神田明神
鎮守	ちんじゅ	その土地を守護する神
産土神	うぶすなかみ	その人の生まれた土地の守護神
恵比寿	えびす	七福神の一。商家の神
布袋	ほてい	七福神の一。中国の布袋和尚を神格化したもの
福禄寿	ふくろくじゅ	七福神の一。神・禄・寿命の三徳を備えている

毘沙門天 びしゃもんてん
七福神の一。また四天王の一。仏法を守護する

鍾馗 しょうき
疫病神を追い払うという神

疫病神 えきびょうかみ
疫病をはやらせる神。厄病は誤り

荒神 こうじん
かまどの神

鬼子母神 きしもじん
育児の神。子だくさんの美しい神

大国主命 おおくにぬしのみこと
日本神話で出雲国の主神

2章

同音異義語で もう間違わない

●文章全体の意味を変えてしまう「同音異義語」のミス

パソコンが、日常生活で全く当たり前の存在になった功績はめざましいもので、言葉は知っているが漢字がすぐに出てこない、というほとんどの日本人に共通の悩みは、一気に解消された観があります。

しかし、油断は禁物。なにごとにも功があれば罪があるのが世のならいで、あの便利な「漢字変換機能」も、実は致命的欠陥を抱えているのです。それは、ほかでもない、「同音異義語」への対処の手だてのなさです。

たとえば「クジュウ」という言葉を漢字に変換したとき、「苦渋」と「苦汁」とが出たら、どちらを選択するか？　「クジュウをなめる」なら「苦汁」になり、「クジュウの決断」なら「苦渋」になるのですが、そこまではパソコンも教えてはくれません。その結果、「苦汁の決断」などとやってしまうと、あなたは大恥をかくことになるのです。

それも、一つの漢字だけならまだしも、熟語という二つ以上の漢字になり、しかも先の「苦渋」と「苦汁」のように、それぞれが独自の意味を持っているとなると、ことは簡単ではありません。文章の意味自体が大きく変わりかねない危険まではらんでしまうわけです。

●使用頻度が高く、表記ミスをすると恥をかく漢字から

こうしたミスをおかさないためには、とにかく、漢字の使い方をよく把握しておく以外にありません。特に、日常的に多用される漢字や熟語ほど、そうなのです。日常的に多用される表現だからこそ、間違ったときのダメージも大きいのです。

この章では、使用頻度が高く、表記ミスをすると恥をかく、あるいは文章の大意を変えてしまう「同音異義語」を中心にまとめてあります。

ことに、文章の大意を変えてしまう危険は、くれぐれも避けるべきです。

使い方の違いを確実にマスターしよう

あ

【あう】

●三時にアう→会う　面会を表す
●靴がアう　→合う　適合する
●事故にアう→遭う　遭遇のニュアンス

【あがる】

●階段をアがる→上がる
●意気がアがる→揚がる　昂揚がふさわしい場合は揚がる
●証拠がアがる→挙がる　検挙のニュアンス
●価がアがる　→騰がる　高騰のニュアンス

【あく】

●扉がアく→開く　開く
●席がアく→空く　空白
●埒がアく→明く　明示する

【あずかる】
●品物をアズかる　→預かる　保管
●ご相伴にアズかる→与かる　関与する

【あたたかい】
●アタタかいスープ→温かい　冷たいの反対
●アタタかい気候　→暖かい　寒いの反対

【あたる】
●賞金がアたる　→当たる　的に当たる
●食べ物にアたる→中たる　毒に中たる

【あつい】
●面の皮がアツい→厚い　薄いの反対
●人柄がアツい　→篤い　人の性状
●室内がアツい　→暑い　寒いの反対
●口調がアツい　→熱い　冷たいの反対

【あと】
●アトの祭だ　→後　前の反対
●親のアトを継ぐ→跡　跡は行動の痕跡や事績

【あぶら】
●アブラを売る→油　液体のアブラ
●アブラが乗る→脂　脂肪に代表される動物性のアブラ

【あらい】
●気性がアラい↓荒い　穏やかの反対
●肌理がアラい↓粗い　精妙・丁寧でない

【あわせて】
●手をアわせて祈る↓合わせて
●アワせて御多幸を↓併せて　大小に関係なく、ミックスすること

【いかす】
●命をイかす↓生かす　殺すの反対
●人をイかす↓活かす　活用する

【いけん】
●活発なイケン　↓意見
●イケン申し立て↓異見

【いし】
●イシ表示　↓意思　心に抱いている思い
●イシが強い↓意志　強い志が内包されている

【いちりつ】
●千篇イチリツ↓一律　同じこと
●イチリツ減免↓一率　一定の比率

【いどう】
●場所をイドウ　↓移動

●人事イドウ　↓異動　地位や財産などが以前とは異なる

【いる】
●堂にイる　↓入る　必要な
●担保がイる↓要る
●家にイる　↓居る　存在する

【うかがう】
●ご機嫌をウカガう↓伺う　訪問・質問
●顔色をウカガう　↓窺う　チャンスを窺う

【うた】
●歌曲の子守ウタ↓歌　西洋的な音階のウタ
●五木の子守ウタ↓唄　日本的伝統のもとのウタ

【うつ】
●釘をウつ↓打つ
●銃をウつ↓射つ・撃つ
●仇をウつ↓討つ

【うつす】
●答案をウツす　↓写す　コピーする
●壁に影をウツす↓映す　光が媒介する反映

【うつろ】
●ウツろな目つき↓虚ろ　虚脱状態

●心の中がウツろ↓空ろ

中が空洞状

【うむ】

●疑惑をウむ　↓生む

●鶏が卵をウむ↓産む

【うらみ】

●ウラみをもつ　↓恨み

●〜を欠くウラみ↓憾み

遺憾の意の場合

【えんえん】

●エンエンと続く一本道↓延々

●エンエンと燃え上がる↓炎々

●エンエン長蛇の列　↓蜿蜒

●気息エンエンの状態　↓奄々

【おかす】

●罪をオカす　↓犯す

●危険をオカす↓冒す

●権利をオカす↓侵す

【おくれる】

●約束の時間にオクれる↓遅れる

●流行にオクれる　↓後れる

【おさめる】
●注文の品をオサメる→納める　あるべき場所に
●勝利をオサメる　→収める　結果的に自分の所有になる
●学問をオサメる　→修める
●国をオサメる　→治める

【おじ】
●母の兄はオジ→伯父　兄弟の長子・親の兄
●母の弟もオジ→叔父　弟・親の弟

【おちる】
●目から鱗がオちる→落ちる
●飛行機がオちる　→墜ちる
●地獄にオちる　→堕ちる

【おんじょう】
●厳罰よりオンジョウ主義→温情　あたたかく思いやりのある心
●オンジョウあるはからい→恩情　師弟間などの「恩」を強調

【おんわ】
●気候オンワな地→温和
●オンワな人柄　→穏和

か

【かいこ】
●半生をカイコする→回顧　過去を顧みる
●カイコ趣味　→懐古　懐かしく思う

【かいする】
●一堂にカイする　→会する　会う
●間に人をカイする→介する　仲介する場合

【かいせき】
●茶の湯のカイセキ料理→懐石
●宴席のカイセキ料理　→会席

【かいてい】
●運賃をカイテイする　→改定　前の定まりを改めて新しくする
●教科書のカイテイ版　→改訂　間違っていた部分を正しく改める
●賃貸契約のカイテイ期→改締　条約や契約等を結び直す

【かいとう】
●試験問題のカイトウ　→解答　解いた答
●人生相談のカイトウ者→回答　返事・考えの表明

【かいほう】

●門戸カイホウ　↓開放　開け放つ

●奴隷カイホウ　↓解放　解き放つ

【かいり】

●骨と肉がカイリ↓解離　解き離れる

●人心からカイリ↓乖離　そむき離れる

【かえりみる】

●自らをカエリみる↓省みる　反省の意

●半生をカエリみる↓顧みる　回顧・振り返る

【かえる】

●演技をカえる↓変える

●主役をカえる↓代える

●空気をカえる↓換える

●衣裳をカえる↓替える

【かがみ】

●武士のカガミ　↓鑑　よき手本

●化粧室のカガミ↓鏡

【かき】

●カキの渇水↓夏季　夏のシーズン

●カキ大学　↓夏期　夏の限定された一時期

【かげ】

●カゲに回って悪口↓陰　陽の反対で「表」に対する「裏」

●先輩のおカゲで　↓蔭　草木が覆って見えない部分・「蔭」で庇護の意が生じる

●壁に映るカゲ　↓影　物体で光が妨げられた暗い部分

【かくげつ】

●カクゲツ精算↓各月　毎月・月づき

●カクゲツ発行↓隔月　ひと月おき

【かくらん】

●カクラン戦法↓撹乱　かき乱す

●鬼のカクラン↓霍乱　暑気あたりの病

【かしゃく】

●良心のカシャク　↓呵責　責めなじる

●カシャクのない追及↓仮借　大目に見る

【かしょう】

●カショウ評価↓過小　過大の反対

●カショウ申告↓過少　過多の反対

【かす】

●制裁を力す↓科す　刑罰を与える場合

【かた】

●税を力す　↓課す　義務・割り当て

●水泳の自由ガタ　↓形　みた目そのままの状態・姿・スタイル

●カタどおりの挨拶↓型　見本やモデル

【かたい】

●カタい約束↓固い　しっかりしていて強い

●カタい材質↓堅い　堅牢・堅実

●カタい態度↓硬い　柔らかいの反対

【かつて】

●カツて読んだ本↓嘗て　過去にしたことがある

●カツてない災害↓曾て　今まで一度もない

【かなう】

●夢がカナう　↓叶う　思い通りになる

●カナう者なし↓敵う　相手と対等にやれる

●条件にカナう↓適う　ふさわしい

【かん】

●カンきわまって泣く↓感　感情的なカン

●別人のカンを呈す　↓観　人生観・歴史観など

●女性はカンがよい　↓勘　直感・第六感

【かんさ】

●会計カンサ　↓監査
●真偽のカンサ↓鑑査

じっくりと観察して優劣等を
見きわめること

【かんしょう】

●絵画をカンショウする↓鑑賞趣味など

●盆栽をカンショウする↓観賞対象が景色や樹木など

●歴史をカンショウする↓観照主観をころして冷静・客観的に
見比べ、明らかにする

【かんしん】

●いたくカンシンする　↓感心
●上司のカンシンを買う↓歓心
●カンシンに耐えない　↓寒心
●まったくカンシンなし↓関心

歓んでうれしいと思う心
ぞっとすること

【き】

●「日本書キ」↓紀
●「古事キ」　↓記

歴史の正しい順序にしたがって書く
単純に記録で

【ぎ】

●半信半ギ↓疑

うたがう

●ギ音効果→擬　　真似る

【きえん】
●ふとしたキエン→機縁　　めぐり会うきっかけ
●まさしくキエン→奇縁　　思いも及ばない不思議な縁

【きく】
●物音をキく　　→聞く　　勝手に聞く
●音楽をキく　　→聴く　　耳に神経を集中して積極的に聞く
●不審な点をキく→訊く　　訊問する
●香りをキく　　→聞く　　嗅ぐ・聞香

【きく】
●胃薬がキく→効く　　効果あり
●機転がキく→利く　　利用・駆使できる

【きてい】
●法律のキテイ　→規定　　定められた約束ごと
●取り扱いキテイ→規程　　手本となる決まりごと

【きゅうめい】
●真相をキュウメイする→究明　　調査の一環
●犯行をキュウメイする→糾明　　糾問・糾弾

【きょうどう】
●キョウドウ作業→共同　　複数の結合

●キョウドウ組合→協同　　そこに和合・連帯があれば「協同」

【きょうぼう】

●酔うとキョウボウになる→狂暴　　何かが原因で狂ったように暴れる

●ヒグマは性来キョウボウ→凶暴　　本来的にもっている凶悪で暴力的な性情

【くんじ】

●壁のクンジ　→訓示　　上から与えられた心得や注意事項

●社長のクンジ→訓辞　　そのたぐいの演説

【ぐんしゅう】

●グンシュウ心理　→群集

●広場のグンシュウ→群衆

【けっさい】

●為替取り引きのケッサイ→決済　　金銭等の支払いを済ます場合

●部長のケッサイを仰ぐ　→決裁　　金銭に関係なく裁定する

【こうい】

●コウイを寄せる→好意　　悪意の反対

●御コウイに感謝→厚意　　きわめてありがたい感謝すべきこと

【こううん】
●コウウンといえる一生↓好運　ほどよく望ましい運
●コウウンにも当選する↓幸運　瞬間的でもラッキーな運

【こうげん】
●威丈高なコウゲン　↓高言　身のほど知らずの大言
●国会で堂々とコウゲン↓公言　公の場での隠れもない約束等の言辞
●思いつきのコウゲン　↓広言　口から出まかせの大言
●口先だけのコウゲン　↓巧言　言葉をかざってうまく言うこと

【こうこう】
●コウコウたる月の光↓皓々　白く光る
●コウコウと輝く星々↓煌々　キラキラと輝く
●コウコウたる琵琶湖↓浩々　広大な水

【こうじょう】
●コウジョウを通じる　↓交情　親しい交際
●御コウジョウを賜わる↓厚情　目上の人からなら感謝の「厚情」

【こうせい】
●会社コウセイ法↓更生　生まれ変わる
●コウセイ登記　↓更正　改めて正す

【こうりゅう】
●三十日未満のコウリュウ↓拘留　裁判で刑が確定した犯罪人

●未決コウリュウ　↓勾留　まだ結論が出ていない状態なら

【こえる】

●海をコえる　↓越える

●限界をコえる↓超える　「越える」のが一定の範囲を突破すると「超える」

【こじ】

●信念をコジ↓固持　固く守って変えない

●コジの意向↓固辞　固く辞退する

【こたえる】

●質問にコタえる↓答える

●注文にコタえる↓応える　「応じる」「反応」がある

●寒さがコタえる↓堪える　身に堪える

【こまやか】

●コマやかな風景描写↓細やか　小さな点にいたるまで細緻

●人情味コマやかな劇↓濃やか　情などが濃い

さ

【さい】

●天賦のサイ→才
●満二十サイ→歳

年齢に「才」を用いるのは慣用であり誤用

【さいだい】

●世界サイダイの湖→最大
●サイダイ洩らさず→細大

細かいことも大きいことも

【さく】

●時間をサク→割く
●皮をサク　→裂く

切り分ける・取り分ける

【さす】

●魔がサす　→差す
●髪に花をサす　→挿す
●針でサす　→刺す
●日がサす　→射す
●鉢に水をサす　→注す

抜くの反対
さしはさむ
突きサす
日光や色が加わる
注ぎ入れる

●磁針が北をサす↓指す　方向を示す

【さとる】

●死期をサトる↓覚る　感覚・直覚が主体なら「覚る」

●哲理をサトる↓悟る　知性・悟性が主体なら「悟る」

【さめる】

●目がサめる　↓覚める　はっきりしない状態から解放

●宿酔《ふつかよい》がサめる↓醒める　極端な状態からの解放

●恋がサめる　↓冷める　熱いものからサめる

●色がサめる　↓褪める　色が薄くなる

【さわる】

●肌にサワる↓触る

●気にサワる↓障る

【じき】

●ジキ尚早　↓時期　一般的なジキ

●ジキ到来　↓時機　チャンスの意になると

●行楽のジキ↓時季　シーズンの意なら

【しきじ】

●シキジ開催　↓式事　単なる催事

●会のシキジ　↓式次　その進行順序、プログラム

●社長のシキジ→式辞　そこでの挨拶

【じご】

●ジゴ報告　→事後　「事前」の反対語

●ジゴの消息→爾後　「その後」の意を爾後

【しこう】

●磁針は北シコウ→指向　方角・方向を指している

●彼は権力シコウ→志向　意志的にめざしている

【しずまる】

●波がシズまる　→静まる　自然の成り行きでシズまる

●内乱がシズまる→鎮まる　人工的な力で鎮圧、鎮静化

【しせい】

●シセイ十周年→市制　市の制度

●シセイ刷新　→市政　市の政治

●シセイ調査　→市勢　市の総合的状態

●シセイの人情→市井　「人の街」

【じせい】

●欲望をジセイ→自制　セルフコントロール

●ジセイと悔恨→自省　自ら省みる

【しっしん】

●シッシン昏倒→失神　意識を失う
●シッシン混迷→失心　正常心を失う

【じてん】

●国語ジテン→辞典　ことば典
●百科ジテン→事典　事柄を集めた「こと典」
●書道ジテン→字典　文字典

【しめる】

●窓をシめる→閉める
●気をシめる→締める
●首をシめる→絞める

【じゃっかん】

●ジャッカン名を募集→若干　いくらか・多少
●ジャッカン十七歳　→弱冠　男子の数え年二十歳のこと。年が若いこと

【しゅうしゅう】

●散乱物のシュウシュウ→収集　集める
●事態のシュウシュウ策→収拾　拾い収める→乱れた状態をおさめる

【しゅうせい】
●法令のシュウセイ↓修正　良くない部分を正しく改める
●写真のシュウセイ↓修整　不満足部分を整える

【じゅうじゅん】
●ジュウジュンな女性↓柔順　おとなしくて素直
●上司にジュウジュン↓従順　さからわず素直に従う

【しゅうち】
●シュウチの事実　↓周知　あまねく知れ渡っている
●シュウチを集める↓衆知　多くの人の知恵

【しゅくせい】
●綱紀シュクセイ↓粛正　いましめ正すこと
●血のシュクセイ↓粛清　いましめをこめてきれいにする

【しゅさい】
●会社シュサイの運動会↓主催　主となって催す
●A氏シュサイの研究会↓主宰　主となって取り仕切る

【じゅしょう】
●文化勲章ジュショウ者↓受賞　賞を受ける
●文化勲章ジュショウ式↓授賞　授ける

【しゅせき】
●シュセキで卒業する↓首席

●故・毛沢東シュセキ↓主席

【しょうかい】

●人をショウカイ↓紹介

●身分ショウカイ↓照会　知らないことを他に問い合わせる

【しょうしゅう】

●株主総会にショウシュウ↓招集　招き集める

●国会にショウシュウ　↓召集　それが「強制的」になる

【じょうれい】

●都の避難ジョウレイ↓条令　箇条書きにされた個別の法令

●東京都ジョウレイ　↓条例　国とは別に制定する独自の法規

【しょくりょう】

●ショクリョウ品店↓食料　主食以外の食物全般

●ショクリョウ危機↓食糧　米・麦等の主食の総称

【しょっかく】

●ショッカクが鋭敏↓触覚

●昆虫のショッカク↓触角

【しょよう】

●ショヨウあり↓所用　ある要件

●ショヨウ時間↓所要　用事・要件に必要なもろもろ

【しんしょ】
●シンショの秘密　→信書　手紙
●大統領のシンショ→親書　貴人自らがしたためた手紙

【しんしょう】
●シンショウ風景　→心象　心に浮かんだイメージ
●シンショウを害する→心証　裁判用語で「物証」と対語でも用いられる

【しんちょう】
●シンチョウに対処→慎重　注意深く軽々しくないこと
●シンチョウな文学→深重　「深く重厚な」の意

【しんどう】
●弦のシンドウ→振動
●家がシンドウ→震動

【しんにゅう】
●不法シンニュウ→侵入　他国・他人のテリトリーに強引に入り込む
●シンニュウ禁止→進入　そのまま進んで入る

【しんにん】
●シンニン投票→信任　信用して任せる

●シンニン通貨→信認　信用して諒と認める

【しんろ】

●シンロ相談→進路　進む道

●船のシンロ→針路　羅針盤の針が示す方向

【すすぐ】

●洗ってススグ→濯ぐ　きれいにする

●汚名をススグ→雪ぐ　恥辱・屈辱・汚名などのプライドに関すること

●口をススグ　→漱ぐ　口のなかをきれいにする

【すすめる】

●入会をススめる→勧める　勧誘・勧告

●良書をススめる→薦める　推薦

【する】

●マッチをスる→擦る

●懐中品をスる→掏る　スリのスる

●名刺をスる　→刷る

●墨をスる　→摺る

●ゴマをスる　→擂る

●ヤスリでスる↓磨る　現在では平仮名表記が一般的

【せいいく】

●人のセイイク↓成育　人や動物

●木のセイイク↓生育　植物が対象

【せいき】

●セイキ横溢　↓生気　生き生きとした気力・活力

●セイキを養う↓精気　生命の根本の気

【せいこん】

●セイコン尽く↓精根　精力と根気

●セイコン傾け↓精魂　たましい

【せいさく】

●電動工具のセイサク↓製作　工場などで物品等を作る

●芸術作品のセイサク↓制作　芸術などのクリエイト作業

【せいさん】

●運賃セイサン↓精算　精《くわ》しく計算する

●借金セイサン↓清算　きれいに始末する

●セイサンあり↓成算　成功の見込み

【せいそう】

●セイソウに威儀を示す↓正装　正式な服装

●派手なセイソウの女性↓盛装　厚く華やかに着飾った

【せいてん】

●セイテンの朝↓晴天　晴れた空

●セイテン白日↓青天　本来あるべき澄みきった天

【ぜったい】

●ゼッタイ的価値↓絶対　相対の対語

●ゼッタイ絶命　↓絶体　「絶体絶命」でしか使われない

【せめる】

●敵軍をせめる↓攻める　攻撃

●失敗をせめる↓責める　叱責・譴責《けんせき》

【せりあがる】

●舞台がセリアがる↓迫り上がる

●価格がセリアがる↓競り上がる

【せりふ】

●捨てゼリフ　↓台詞　舞台で語られる詞

●セリフの台本↓科白　科＝しぐさ・白＝ことばで、しぐさとことば

【せんか】

●センカを逃れる↓戦火

●センカで荒廃　↓戦禍

●赫々《かくかく》たるセンカ→戦果

【ぜんご】

●話がゼンゴする→前後　後退の反対語

●ゼンゴ策を講ず→善後　後のためによくなるように計る

【ぜんしん】

●ゼンシンせよ→前進　急進の反対語

●ゼンシン主義→漸進　徐々に段階を追って進む

【そう】

●川にソウ遊歩道→沿う　離れずに進む

●人に寄りソウ　→添う　つき従う

●期待にソウ努力→副う　かなう・適合

【そうあん】

●ソウアン作製→草案　下ごしらえ

●ソウアンの妙→創案　アイディアやオリジナリティが勝負となる工夫

【そうかつ】

●ソウカツ問題→総括　ひとまとめ

●ソウカツ責任→総轄　全体を司る

【そくせい】

●ソクセイ講座↓速成　すみやかに成功させる
●ソクセイ栽培↓促成　人工的に早く作る
●ソクセイ食品↓即製　即席に作る

【そくだん】

●ソクダンは禁物↓速断　速いだけで、そそっかしい判断
●的確なソクダン↓即断　ただちに下された的確な判断

【そらす】

●胸をソらす↓反らす
●目をソらす↓外らす

た

【だい】

●九〇年ダイの日本↓代　「時代」や「歴代」で象徴される
●一億円の大ダイ　↓台　「目安・境界」などの意

【たいけい】

●日本語文法のタイケイ↓体系　知識の統一的全体をいうシステム
●現代日本文学タイケイ↓大系　一つのテーマのもとのシリーズ

【たいしょう】

●飛び込みのタイケイ　↓体形　身体のフォーム
●日本人の標準タイケイ↓体型　身体のタイプ

●調査タイショウ　↓対象　目的となる相手
●貸借タイショウ表↓対照　比較検討がテーマとなる
●左右タイショウ　↓対称　釣り合っている

【たいせい】

●戦時タイセイ　↓体制　ある目的のために固定されたシステム
●逃げのタイセイ↓態勢　ある行動のためのポーズ
●危ういタイセイ↓体勢　身体の姿勢

【たか】

●参加人数のタカ　↓多寡　多いことと少ないこと
●タカが知れている↓高　程度・数量

【たしょう】

●タショウでも↓多少
●一殺タショウ↓多生　何度も生を変えて生まれる
●今生タショウ↓他生　前世と後世のこと

【たずねる】

●道順をタズねる　↓尋ねる　わからないことを教わる

●上司宅をタズねる↓訪ねる　訪問
●疑問点をタズねる↓訊ねる　問いただす
●故きをタズねる　↓温ねる　「温故知新」の場合は特例的に用いる

【ただす】

●姿勢をタダす↓正す　正しくする
●問いタダす　↓質す　正しいか否かを質問する

【たつ】

●思いをタツ↓断つ　連続上のものを途切れさす
●消息をタツ↓絶つ　先をなくならせる
●布地をタツ↓裁つ　はさみで切る

【たぶん】

●タブンに不満↓多分　「おそらく」と「たくさん」この場合はたくさん

●タブンと寡聞↓多聞　寡聞の反対語
●タブンを憚る↓他聞　他の人の耳に入る

【ちょうこう】

●チョウコウを感じる　↓兆候　まだ明確なかたちをとっていない段階

【ちょうしゅう】

●チョウコウが現われる→徴候　はっきりと現われたら「徴候」

●授業料をチョウシュウ→徴収　金銭を収めさせる

●参加者をチョウシュウ→徴集　人・物を集める

【ちょうせい】

●予定表のチョウセイ→調整

●料理をチョウセイ　→調製　注文に応じて作る

【ちょくせつ】

●チョクセツ税　→直接　間接の反対

●簡明チョクセツ→直截　「まわりくどくない」こと

【ちんせい】

●騒ぎをチンセイ→鎮静　静かにさせる

●街はチンセイ化→沈静　自然と「なる」

【ついきゅう】

●利益のツイキュウ→追求

●真理のツイキュウ→追究

●責任のツイキュウ→追及

【つぐ】

●研究を引きツぐ→継ぐ

●親のあとをツグ→嗣ぐ
●骨と骨をツグ→接ぐ
●盃に酒をツグ→注ぐ

【つくる】

●詩をツクる→作る
●船をツクる→造る
●会社をツクる→創る　新しいことを起こす

【つとめる】

●企画会社にツトめる→勤める　勤務
●成績向上にツトめる→努める　努力する
●宴会の幹事をツトめる→務める　任務・役割

【てきかく】

●テキカクな判断→的確　ピタリと決まっている
●テキカクな方法→適確　適応性が確か
●テキカクな人材→適格　それに「適《かな》った資格」と認められる

【てんか】

●悪が善にテンカ→転化　AからBに変する
●責任テンカ→転嫁　罪などをなすりつける
●言葉のテンカ→転訛　発音がなまって変わる

【でんどう】
●熱デンドウ　↓伝導　物理・化学用語
●デンドウ機械↓電動
●デンドウ師　↓伝道　宗教の道を教える

【どうし】
●叩のドウシ↓同志　志を同じうする強い関係
●友達ドウシ↓同士　単なる「つれ・仲間」

【とくちょう】
●逃走車のトクチョウ↓特徴　他と異なる「特に目立つ点」
●トクチョウは低燃費↓特長　特徴のなかでも特に「すぐれている点」

【とける】
●答がトける↓解ける
●氷がトける↓溶ける

【とぶ】
●鳥がトぶ↓飛ぶ
●蛙がトぶ↓跳ぶ

な

【ないこう】
●ナイコウ型の人間 ↓内向 外向の反対
●精神的抑圧がナイコウ↓内攻 身体内部や精神をおかす

【なおす】
●時計をナオす↓直す 「修理」や「訂正」の意
●怪我をナオす↓治す 人体の病気等の「治療」

【なく】
●人がナく↓泣く、哭く
●鳥がナく↓鳴く、啼く

【ならう】
●絵をナラう↓習う 学習する
●右にナラう↓倣う 真似をする・模倣する

【なれる】
●仕事にナれる↓慣れる
●人にナれる犬↓馴れる

【ねんぱい】
●それなりのネンパイ↓年配 ほどよい年齢・中高年の意

【のせる】
●ネンパイの仲間入り↓年輩　そういう年齢の仲間
●口車にノせる↓乗せる
●名簿にノせる↓載せる

【のぞむ】
●海をノゾむ高台↓望む　遠くを眺める
●海にノゾむ高台↓臨む　目の前に当面している場合

【のばす】
●手足をノばす↓伸ばす　それ自体を長くする
●時間をノばす↓延ばす　同じ物をプラスして長くする

【のぼる】
●太陽がノボる↓昇る　昇るの原義は「日がのぼる」
●階段をノボる↓上る　下るの反対語
●山にノボる　↓登る　自分が高い所に上がる

は

【はいふ】
●資料をハイフ↓配付　単に配る

●公報のハイフ→配布　公的「おふれ・お達し」

【はげる】
●頭がハゲる　→禿げる
●塗料がハゲる→剥げる

【はっこう】
●本をハッコウ→発行　何かを出すこと
●法のハッコウ→発効　効力が発せられること

【はなす】
●犬をハナす→放す　解放・放出
●目をハナす→離す　距離を置く

【はる】
●綱をハる　→張る
●切手をハる→貼る

【はんめん】
●ハンメン教師→反面　ある物や事柄の反対の面
●ハンメン彩色→半面　ある物や事柄全面の半分の面

【ひっし】
●ヒッシの形相→必死
●失敗はヒッシ→必至　必ず……になる

【ひょうだい】
●単行本のヒョウダイ↓表題　タイトルそのもの
●報告書のヒョウダイ↓標題　他と区別するための見出し

【ふえる】
●人数がフえる↓増える　同質のものがプラスされて多くなる
●細菌がフえる↓殖える　それ自体が内包する力によって自ら多くなる

【ふく】
●口笛をフく↓吹く
●火をフく山↓噴く　フく勢いが強烈で爆発的

【ふくげん】
●縄文土器フクゲン↓復元　元の状態を失ったものを他の手段を借りて元の状態に戻す
●バネのフクゲン力↓復原　元の状態、形状に自らの力で戻る

【ふしん】
●フシンを抱く↓不信　信用できない
●フシンな動き↓不審　はっきりしない・疑義あり

【ふへん】
●フヘン不党　↓不偏　偏《かたよ》らない

●フヘン的真理→普遍　遍《あまね》く広い

【ふんぜん】

●フンゼンとたたかう→奮然　奮い立つ様
●フンゼンと席を立つ→憤然　それが憤《いきどおり》によるものであれば、「憤然」

【へいこう】

●ヘイコウ線　→平行　二本の線が最後まで交わらない状態
●ヘイコウ審議→並行　単に並んで進行している状態

【べつじょう】

●ベツジョウない日々→別条　特に変わった事柄
●命にベツジョウなし→別状　特に変わった状態

【ぼうがい】

●ボウガイ訓練→防害　害を防ぐ
●ボウガイ電波→妨害　害を与えて活動を妨げる

【ほしょう】

●品質ホショウ書　→保証　責任をもつことの証明
●日米安全ホショウ条約→保障　悪くならないように守ること

ま

【みえ】
●ミエを張る↓見栄　立派に見せる
●ミエを切る↓見得　歌舞伎の「得意な姿」

【みとう】
●ミトウの境地　↓未到　いまだ到らず
●人跡ミトウの地↓未踏　いまだ足を踏み入れず

【むじょう】
●ああムジョウ↓無情　「人の情がない」こと
●諸行ムジョウ↓無常　この世に常なるものなどない

【むち】
●ムチ蒙昧↓無知　知識・知恵がない
●厚顔ムチ↓無恥　恥がない

【めいぶん】
●文豪のメイブン↓名文
●墓碑のメイブン↓銘文　金属や石などに刻み込んだ文章
●法律のメイブン↓明文　条文として明確に示された文章

【もと】

●モトも子もない↓元
●モトを正す　↓本
●モトを築く　↓基

そもそもの始まり
物事の成り立つ根幹
基礎・土台

や

【やせい】

●ヤセイの鹿　↓野生
●ヤセイ的魅力↓野性

大自然でありのままに生育する
その状態で培われた性状

【ゆうわ】

●仲間のユウワ↓融和
●ユウワ政策　↓宥和

わだかまりのない和合
相手の不満を許し、なだめての和合

【ようご】

●人権ヨウゴ↓擁護
●ヨウゴ施設↓養護

擁《いただ》き護《まも》ること
養い護ること

【よげん】

●占い師のヨゲン↓予言
●モーゼのヨゲン↓預言

未来を予測する言
神から預かった言

ら

【ろじ】
●街のロジ裏　↓路地
●野菜のロジ栽培↓露地　むき出しの土地

わ

【わかつ】
●喜びをワカつ↓分かつ　二分する
●袂をワカつ　↓別つ　互いに別れる
●実費でワカつ↓頒つ　一人一人に頒布する

【わく】
●湯がワく↓沸く
●泉がワく↓湧く　しみ出る

【わざ】
●ワザを磨く↓技
●神ワザ　↓業　すること「人間業」「離れ業」

ものの名前も漢字で書ければ楽しくなる

《道具の名前》

鉋　かんな
錐　きり
鍬　くわ
鏝　こて
笊　ざる
鋤　すき
鍔　つば

鉈　なた
長押　なげし　柱から柱へ渡して壁に取り付ける横木
鋏　はさみ
発条　ばね
抽斗　ひきだし
鋲　びょう
木履　ぽっくり

《動物の名前は難敵です》

駱駝　らくだ
羚羊　かもしか
麒麟　きりん
貘　ばく
河馬　かば
尨犬　むくいぬ
狢　むじな
豹　ひょう
膃肭臍　おっとせい

胡獱　とど
海豹　あざらし
海豚　いるか
鯱　しゃち
栗鼠　りす
鼬　いたち
蝙蝠　こうもり
土竜　もぐら
鴨嘴　かものはし

《魚と貝 漢字で書けますか》

鯉　こい
岩魚　いわな
山女　やまめ
公魚　わかさぎ
沙魚　はぜ
鯰　なまず
泥鰌　どじょう
鰯　いわし
秋刀魚　さんま

鯵　あじ
鱸　すずき
鰆　さわら
鯖　さば
鰹　かつお
鰤　ぶり
鮪　まぐろ
鱈　たら
鮫　さめ

鱶　ふか

鰈　かれい

遍羅　べら

鱚　きす

魳　かます

細魚　さより

鱧　はも

河豚　ふぐ

鰧　おこぜ

鮟鱇　あんこう

蛤　はまぐり

浅蜊　あさり

蜆　しじみ

牡蠣　かき

阿古屋貝　あこやがい

栄螺　さざえ

田螺　たにし

蛸　たこ

蝦　えび

蝦蛄　しゃこ

《作物・野菜の名前は難読文字だらけ》

水稲　すいとう　水田で栽培する稲

陸稲　りくとう・おかぼ　畑で作る稲

早稲　わせ　普通の稲より早く成熟する品種

晩稲　おくて　普通の稲より遅く成熟する品種

燕麦　えんばく

稗　ひえ

粟　あわ

唐黍　もろこし

高粱　こうりゃん

黍　きび

甘藷　かんしょ　さつまいも

大豆　だいず

小豆　あずき

大角豆　ささげ

落花生　らっかせい

胡麻　ごま

茴香　ういきょう　セリ科の多年生植物。実は香辛料に、また香油をとる

大蒜　にんにく
青梗菜　ちんげんさい
菠薐草　ほうれんそう
蕗　ふき
南瓜　かぼちゃ
独活　うど
辣韮　らっきょう
葱　ねぎ
茄子　なす
慈姑　くわい

豌豆　えんどう
油菜　あぶらな
薄荷　はっか
糸瓜　へちま
無花果　いちじく
酢橘　すだち
柚子　ゆず
胡瓜　きゅうり
薇　ぜんまい
蕃茄　トマト

《イメージがふくらむ樹木の読み方》

落葉松　からまつ
檜　ひのき
翌檜　あすなろ
樅　もみ
樫　かし
椎　しい
櫟　くぬぎ
楢　なら
柏　かしわ

橅　ぶな
椋の木　むくのき
榎　えのき
欅　けやき
楡　にれ
木犀　もくせい
柊　ひいらぎ
楠　くすのき
黄楊　つげ

楓　かえで
椿　つばき
山茶花　さざんか
合歓の木　ねむのき
百日紅　さるすべり
八手　やつで
漆　うるし
躑躅　つつじ
石楠花　しゃくなげ
馬酔木　あしび

山梔子　くちなし
木蓮　もくれん
辛夷　こぶし
泰山木　たいざんぼく
樒　しきみ

枝を仏前に供える。葉は抹香、線香の材料

榊　さかき
銀杏　いちょう
椰子　やし
沈丁花　じんちょうげ

《漢字になった果物、読めますか》

林檎　りんご
李　すもも
杏子　あんず
桜桃　おうとう　さくらんぼ
枇杷　びわ
無花果　いちじく
胡桃　くるみ
石榴　ざくろ
棗　なつめ

蜜柑　みかん
檸檬　レモン
西瓜　すいか
八朔　はっさく
朱欒　ザボン
葡萄　ぶどう
万寿果　パパイア

3章

漢字の読みを完璧にする

●漢字の読みに強くなる「3大秘訣」

「漢字」に関して、日常生活で何がもっともやっかいかというと、大方の見るところ、「読み」になるでしょう。実際、「円滑」をエンコツと読んだり、「市井」をイチイと読んだりすると、相手は顔にこそ出さないものの、心の中ではあからさまに嘲笑しているものです。単に漢字が読めないというだけで、知的レベルの低い人と判断されてしまうのです。

そのこと自体、すでに恥ずかしいことですが、実はダメージはそれ以上に深いのです。というのも、誤読をしても、相手が面と向かって訂正してくれることはめったにありません。したがって自分のミスに気づかず、あとで何かの機会に〝正読〟を知らされて、たちまち全身が真っ赤になるほどの恥ずかしさで包まれる、ということになるからです。

●頭に刷り込まれた〝誤読〟を再チェックしよう

〝誤読〟の原因は、いくつもあります。

第一には、最初にその漢字・熟語に出会ったときに、つい間違って読んでしまい、それが記憶に刷り込まれてしまうケースが挙げられます。

たとえば「市井」という熟語。最初にこれに出会ったときに「しせい」というルビ（ふりがな）があれば、なるほどこれでシセイと読むのかと鮮やかに印象づけられて、幸運にも正しい刷り込みの機会に恵まれることになります。ところがルビも何もなく、つい自分流に「いちい」と読んで気にも留めなかったりすると、「いちい」という誤読が刷り込まれてしまい、「市井」に出会うたびに「いちい」と読んでしまうわけです。

●読み方は旁でせよ

第二には〝丸暗記〟の弊害が挙げられます。日本の国語教育の悪い習慣で、日本人は子供のころから画数の多寡の順に漢字の読み書きを丸暗記させられます。実はこれがいけないのです。

なぜかといえば、漢字を考案した本家本元の中国では、漢字を画数の多寡などで整理・分類してはいないからです。彼らは漢字を、木偏《きへん》やクサカンムリなどの「部首」で系統別・ジャンル別に整理・分類し、（ここが重要なのですが）部首自体には音《おん》は持たせず、それに付した「旁《つくり》」に音と意味とを持たせるという大原則を設定しているのです。

これを言い換えれば、「**読みは〝旁〟でせよ**」ということになりますね。読めないときは「旁」を読めばよいわけです。たとえば、「立」の音が「建立《こんりゅう》」のリュウであれば、

「笠」も「竜」も、音読みではリュウになる、ということなのです。

そのためには、まず、この字の部首は何か、という検索から始めなければなりません。それがわかれば「旁」もわかるし、それがわからなければ「旁」もわからないからです。

この判別・検索は、実際上は、さして難しいことではありません。おなじみの偏《へん》や冠《かんむり》などが、それです。多少やっかいなのは漢字の右側につく「頁《おおがい》」「阝」など、また、下につく「心」「灬」などで、それも事前にマスターしておけば、それほど戸惑うことはないはずです。重要なのはむしろ、「部首」はどれなのか、という検索の習慣をつけることです。

●音にも「漢音」「唐音」「呉音」の三種がある

原則は右にふれたとおりですが、難問がないわけではありません。

それは、日本の漢字の読みには、実は漢音だけがあるのではなく、唐音さらに呉音という、時代的・地域的に異なる別の音が混在しているという点です。「行」をコウ、ギョウ、アンなどと読み分けるのがそれで、これればかりは暗記する以外にありません。特に、日本に仏教用語として入って来たような熟語はその傾向が大きく、本文中にも逐一《ちくいち》、明示してあります。

読めないときは旁（つくり）を読めばいい

【蝟集する観客】

○いしゅう

「蝟」は旁が「胃」なので、音は素直にイでよい。意は、虫が「集まる」こと。「蝟集」も「わっといっせいに集まること」の意。

【諍いの毎日】

○いさかい

偏の「言」は「言葉・口」を表わし、旁の「争」は「争い」を表わすので、「諍」は「言い争い・口論」の意。すなわち「いさかい」。

【瑕疵の有無】

○かし

「瑕」も「疵」も、意は「きず」。読み方も旁に注目すれば意外に簡単で、「叚」はカ（「暇」「霞」等）、「此」はシ（「此岸」等）。

【汗顔の至り】

○かんがん

【箝口令を敷く】

【陥穽にはまる】

【屹立する岩山】

【胸襟を開く】

とにかく音読み、と頭を切り換えれば簡単。「汗」は「汗腺」のカンで、「顔」は「顔面」「紅顔」のガン。で、「汗顔」は「かんがん」。

○かんこうれい

「箝」は「首伽」また「口にはめこむ・おどす」の意の漢字で、音は、旁が「甘」なので、カン。「箝口令」は「他言禁止の命令」の意。

○かんせい

「穽」とは「穴」のことで、「陥穽」すなわち「落とし穴」の意。多少難しいのは「穽」の音だが、これは旁「井」なので、セイ。

○きつりつ

「屹」の音は旁が「乞」で、「吃」(「吃音《きつおん》」等)と同様に、キツ。意は「高くそびえ立つ様」。「聳立《しょうりつ》」よりも直線的なニュアンスか。

○きょうきん

これも音読みがポイントの熟語で、「胸」の音はキョウ、「襟」

【高僧「猊下」】

【狷介不屈】

【譴責処分に付す】

【硯北】

の音は「禁」が旁なのでキン。で、「きょうきん」。意は「胸の内」。

○げいか

意味はともかく、読みはそう難しくない。「猊」は「睨」と同じ旁なので、音はゲイ。「猊下」の意は高僧の「敬称」また「おそばに」。

○けんかい

「狷」は旁が「肙」なので、「絹」の音がケンであるように、ケン。「狷介」の意は、「志操固く、人と相容れず孤立すること」。

○けんせき

「譴」の読みがイではなくケンなのは、旁の「遣」を見ればすぐにわかる。イは「遺」で、「遣」はケン。意は「咎め、戒めること」。

○けんぽく

「硯」は「すずり」のこと。音は、旁が「見」なので、ケン。「硯北」とは「硯の北」すなわち「あなたのお手許に」の意。封書の脇付。

【狡猾な口調】

【煌々たる星の光】

【拘泥する癖】

【姑息なやり方】

○こうかつ

「狡」は旁が「交」なので、音はコウとわかる。意は「ずるい」。面倒なのは「猾」で、「滑」と同様、カツ。意は「わる賢い」

○こうこう

「煌」の旁「皇」は、呉音でオウ、漢音でコウで、主流は漢音のほう。で、「煌」も音はコウ、意は「きらきらと光り輝く様」その強調形。

○こうでい

「句」だけならクだが、実はもう一つ、コウの音もあり、旁になるとこれになる。「拘泥」は「こだわる」意。「拘禁」「拘束」の「拘」。

○こそく

ここでの「姑」の意は「しばし・一時」ということ。音は、コ。一方の「息」は「休む」の意。で、コソク。「一時しのぎ・ごまかし」。

【湖沼の風景】

【真相を糊塗する】

【玉石混淆】

【人生の蹉跌】

【慚愧に耐えない】

○こしょう

ポイントは「沼」の音読み。旁が「召」なので、「招」と同様に、ショウになる。「沼沢」なら、ショウタク（「沢」の音は、タク）。

○こと

音読みにすればよく、「糊」は、旁が「胡」なのでコ、「塗」は「塗料」の「塗」なので、ト。意は「覆い隠してまかすこと」。

○こんこう

「玉石」は「ぎょくせき」。「淆」は「みだれる」の意で、音がなぜコウかといえば、旁が「酒肴《しゅこう》」などの「肴」だから。必須四字熟語。

○さてつ

「跌」はテツ。旁の「失」に注目で、「更迭」の「迭」も、テツ。あの「鉄」も、旧字「鐵」を新字に改める際、この「失」を借りた。

○ざんき

旁に注目して「斬＝ザン」、「鬼＝キ」で、「慚愧」はザンキ。

意はともに「恥じる」。「慚愧に耐えない」は「いたく恥じ入る」の意。

【暫時休憩】

○ざんじ

旁の「斬」を頼りに読むといい。「斬」の音はザンなので、「暫」も音はザン、意は「しばらく」。ただし「漸」はゼンで、「漸《ぜん》次《じ》」と。

【恣意的行動】

○しい

「次」はジだが、「次第」などと使うようにシの音ももつ。で、「恣」もシ、意は「ほしいまま」。「恣意」は「思う様に・自分勝手に」の意。

【余裕綽々】

○しゃくしゃく

「卓」だけなら音はタクでよいが旁になって「綽」と使われると、音は、シャク。「ゆったり・ゆるやか」の意。「綽然」はシャクゼン。

【撞木と梵鐘】

○しゅもく

「撞」の旁は「童」で、音はドウ。それが「撞木」になるとシュモクとなるのは、実は日本独自の慣用読み。意は「鐘などを撞《つ》く棒」。

【春宵一刻価千金】

○しゅんしょう

全体に仮名を振れば「しゅんしょういっこく、あたいせんきん」。春の宵はそれほど素晴らしい、と。「宵」は旁「肖」で、ショウ。

【頌春の賀状】

○しょうしゅん

「頌」の部首は「頁」で旁は「公」だからコウと思いがちだが、「松」と同様に音はショウ。意は「たたえる」。

【慫慂される立場】

○しょうよう

「慫」の部首は「心」、音になる旁。「従」なので、ショウ。意は「すすめる」。「慂」はヨウで、「誘い勧める」意。で、「慫慂」もその意。

【聳立する塔】

○しょうりつ

「聳」とは「高くそびえる」意で、「聳える」なら「そびえる」と読む。音はショウ。旁の「従」をショウと読めるかどうかがポイント。

【苦境に呻吟】

【事情を斟酌】

【正鵠を射る】

【日本の碩学】

【俎上の鯉】

○しんぎん

「呻」は旁が「申」なのでシン。「吟」は「吟味」「高歌放吟」などのギン。で、「呻吟」はシンギン。「苦しみ・うめくこと」の意。

○しんしゃく

「斟」の字の部首は実は「斗」のほうで、「甚」が旁になる。で、ジン転じてシン。意は「くむ」。「斟酌」なら「意をくみとる」の意に。

○せいこく

「鵠」の音は、部首が「鳥」で旁が「告」なので、コク。白鳥の古称「くぐい」を指す。転じて「的の中心」「物事の急所」の意。

○せきがく

「碩」は、実は部首が「頁」のほうで、「石」が旁になる。したがって「碩学」はセキガク。「すぐれた学者（学問）」の意。

○そじょう

「俎」や「祖」などのように、旁に「且」があったら音はソ、と

【相手を忖度】

【効果覿面】

【自己韜晦】

【天文学の範疇】

見当をつけてみるとよい。「俎」も、ソで、「まないた」のこと。

○そんたく

近頃、なぜか大いに広まったコトバ。「付」の旁は「忖」と同じなので音ではソン、と覚えておくと便利かもしれない。「忖度」の意は「心の中でそっと推しはかること」。

○てきめん

「覿」は部首が「見」、旁が「賣」で、その音が、テキ。意は「あう・まみえる」。で、「覿面」は「目のあたりに・眼前にありあり」の意。

○とうかい

「韜」は「稲」と同じ旁で、音はトウ。意は「深くしまい込む」。「晦」はカイ、意は「くらい」。「韜晦」は「才などを見せず隠す」意。

○はんちゅう

「躊躇」の「躊」の音がチュウであるように、同じ旁の「疇」の音もチュウ。「同類が属する部門・範囲」の意。

【剽窃の疑い】

○ひょうせつ
「剽」の字の部首は「刂」、旁となるのが「票」のほうなので、音はヒョウ、「盗む」の意。「剽窃」は「他人の文章などの盗用」の意。

【馥郁たる香り】

○ふくいく
「郁」の字は「阝」が部首、「有」が旁なので、音はユウのはずだが、なぜか転音して、イク。「馥郁」とは「心地よい香りの漂う様」。

【俚諺の教え】

○りげん
「俚」はリ。難しいのは「諺」の音のほうか。旁の「彦」は訓で「ひこ」で「男児」の意だが、音ではゲンなので、「諺」もゲンとなる。

【溜飲を下げる】

○りゅういん
「溜」は「たまる」の意の漢字で、旁が「留」なので音はリュウ。「溜飲」の意は「口中に溜まっていたものを飲む」転じて「気分爽快」。

読み間違いやすい漢字　あ行からさ行まで読んでみよう

【悪食も辞さず】

○あくじき
もと仏教用語で、禁じていた獣肉を食べることをいった。現在は「げてもの食い」のこと。「食」のジキの読みは他に「乞食」など。

【偓促する】

○あくせく
「齷齪」とも書く。いずれにせよ、ともに旁《つくり》は「屋」と「足」で、音はアクとセク。

【悪辣な支配】

○あくらつ
「辣」の音はソクではなく、ラツ。「辛辣」はシンラツ、「辣腕」はラツワンと読む。「辣」の意は「きびしい・ひどい・辛い」

【足枷をはめる】

○あしかせ

「枷」は「かせ」で、本来は脱穀用の道具（「からさお」という）。で、自由を束縛したり、足手まといになることの比喩で用いられる。

【最後の徒花】

○あだばな

ポイントは「徒」の訓読みで、これは「あだ」と読む。意は「むだ・はかない」。「徒や疎か」なら「あだやおろそか」となる。

【勉学に勤しむ】

○いそしむ

「勤」は「勤労」のキンで、意は「努め励む」また「功がある」。これを「勤しむ」と使うと、読みは「いそしむ」。

一のつく言葉はこんなにあります

【一見の客】

○いちげん

「一見すると」なら、イッケン。「一見の客お断り」とあれば、イチゲン。「初めての客」の意になるからだ。接客業界での独特の用法。

【一期一会】

○いちごいちえ

「期」の読みがゴになるのは他に「最期」「末期」「この期に及んで」など。一方「会」がエになるのは他に「会釈」「法会」。

【一言一句】

○いちごんいっく

この場合の「言」の読みもゴン。「一言半句」も同。ただし「一言居士《こじ》」などという場合はイチゲンとなるので、丸暗記もやむなし。

【一日千秋の思い】

○いちじつ

「一日千秋」で「いちじつせんしゅう」と読む。一日が千日にも思えるということで「逢えずにつらい・非常に待ち遠しい」意。

【一汁一菜】

○いちじゅう

「汁」の読みは「しる」だが、それは訓読みで、音では、ジュウ。したがって熟語になると「果汁」「墨汁」「胆汁」いずれもジュウ。

【一献傾ける】

○いっこん

何を「傾ける」のかといえば、酒杯。「献」は漢音ではケンだが、呉音ではコン。意は「さしあげる・すすめる」。「一献＝一杯の酒」。

【一矢報いる】

○いっし

「矢」は訓で「や」だが、熟語になると音読み、というのが一般的決まりごとなので、この場合も音のシを採って「いっし」が正読。

【一途な思い】

○いちず

「ひたむき」なことをいう。「途」をズと読む例は仏教用語に独特なもので、あの「三途の川」もサンズ。

【一世一代】

○いっせいちだい

もと仏教用語のため「一世」はイッセイとならずに、イッセ。「三世」とあればサンゼで、過去・現在・未来のこと。「一生涯」の意。

【上昇の一途】

○いっと

仏教用語としての「一途」とか「三途」でない場合の「一途」の読みは「いっと」になる。意は「ひとすじの道」。「没落の一途」など。

【一朝一夕】

○いっせき

「一朝一夕」で「いっちょういっせき」。「夕」は「ゆう」だが、音ではセキだからだ。あの「夕陽」も音読みではセキュウとなる。

【衣鉢を継ぐ】

○いはつ、えはつ

難しいのは「鉢」の読みのほうで、ハツとは仏教用語に独特の漢音。「托鉢《たっぱつ》」「鉄鉢《てっぱつ》」も同。「衣鉢」は「僧衣と鉄鉢」で「教え」の意。

【隠匿物資】

○いんとく

「隠」の音は、「隠密」などのオンもあるが、ほとんどはインで、他にも「隠居」「隠棲」「隠忍自重」など。「匿」は「匿名」のトク。

【有為転変】

【古木の虚】

【雑踏の温気】

【円蓋の天井】

○ういてんぺん

「世間の物事の移り変わりの激しさ」をいう。「有」を「う」と読む例は他にも「有頂天」「有耶無耶《うやむや》」「有象無象《うぞうむぞう》」など多々。

○うろ

大木や古木の幹の、太い枝が折れた跡などに、年月に応じてポッカリと開いた穴が「うろ」で、漢字では「虚」。「無」の象徴。

○うんき

「温」の音にはオンとウンがあり、おなじみ「温州ミカン」も読みはウンシュウ。で、「温気」も、ウンキ。ウンの例はこの二熟語くらい。

○えんがい

ここでの「蓋」は「ふた」というよりは「屋根」の意に近い。音は、ガイ。で、「円蓋」とは、現代でいえば「ドーム」というところ。

【怨嗟の声】

○えんさ

「怨」は「うらむ・うらみ」の意の漢字で、呉音でオン、漢音でエン。「嗟」は「なげく」の意で、音はサ。「怨嗟＝怨《うら》み嘆くこと」。

【厭世的な小説】

○えんせい

「厭」の読みは、訓で「いとう・あきる」、音でエンまたオウ。したがって読みで注意すべきは「世」のほうで、「救世主」と同じセイ。

【傍目八目】

○おかめ

「岡目八目」なら「おかめはちもく」と簡単に読めるが、伝統的表記は「傍目八目」。「傍」の意は、「そば・かたわら」。当て字である。

【尾羽打ち枯らす】

○おは

「おばね」なら「尾羽根」で、意は「尾の羽根」になる。「尾羽」は「おは」で、「尾と羽」の意。

同じ漢字でも読み方も意味もちがいます

【開眼手術】

○かいがん

単純に、ふさがっていた眼を開ける、見えるようにする（なる）意の「開眼」は「かいがん」。

【実力開眼】

○かいげん

仏教で悟りを得ること、転じて練達の境地に達する意の「開眼」は「かいげん」。「開眼法要」も同。

【偶然の邂逅】

○かいこう

「邂」はカイ。一方「后」は、ゴでもあるが、「皇后」とあればコウで、基本音は、コウ。で、「逅」もコウ。「邂逅＝出会い」。

【快哉を叫ぶ】

○かいさい

「哉」を「や」と読むのは訓読みで、熟語の場合の音は、サイ。

【灰白色の髪】

【末尾に花押】

【画然と整地】

【両将の角逐】

あの「夫婦善哉《めおとぜんざい》」のサイだ。「快哉」の意は「いいぞ」というような意味。

○かいはくしょく
「灰色がかった白色」のことで、ポイントは「灰」の読み。実は、「はい」は訓読みで、音ではカイ。「石灰」「灰燼」の場合も、同。

○かおう
武将の手紙などの最後にサイン風に書かれたデザイン文字を「花押」という。なぜカオウかといえば「花字の押字《おうじ》」の略だから。

○かくぜん
「画」を「が」と読むのは実は訓読みで、音ではカクになる。「計画」「企画」「参画」「画数」などのカクだ。意は「きっちりと」。

○かくちく
「逐」の音はチク。意は「角」が「競う」、「逐」は「追い立てる」で、「互いに競い合うこと」。

【首を傾げる】

○かしげる

「傾ける」の誤植ではない。それなら「かたむける」でよいが、「傾げる」の表記なら「かしげる」で、「ちょっと考える」の意になる。

【一切合切】

○がっさい

「一切」を「いっさい」と読めれば「合切」も「がっさい」とすぐに見当がつくが、頭で間違えると誤読必至。意は「何でもかでも」。

【金壺眼の男】

○かなつぼまなこ

「金属製の壺」を「金壺」といい、「かなつぼ」と読む。それを上から見たような「落ち窪んでいる丸い目」をいい、「眼」は「まなこ」。

【寡聞にして知らず】

○かぶん

「寡」は「少ない」ということで、「多寡《たか》」なら「多いと少ないと」の意。で、「寡聞」は「聞き及んでいることが少ない」「見聞が狭い」。

【侃侃諤諤】

○かんかんがくがく

「正しいと思う意見を歯に衣《きぬ》着せずに直言すること」をカンカンガクガクといい、右のように書く。略して「侃諤」と覚えるとよい。

【間隙をつく】

○かんげき

「隙」は訓では「すき」、音ではゲキ。「隙地」とあれば、読みはゲキチで、意は「空地」のこと。で、「間隙」は「すき」「不和」の意。

【緩下剤服用】

○かんげざい

「飲み下す」意の「嚥下」はエンカと読むが、「緩く下す薬剤」の意の「緩下剤」はカンゲザイ。略して「下剤」つまりゲザイのこと。

【含羞の文学】

○がんしゅう

「含」の音はガン。「羞」は「羞恥心」の「羞」で、シュウ。「羞らい」なら「はじらい」と読む。「含羞」は「内に秘めた羞らい」。

【間髪を入れず】

○かんはつ

「間髪」という熟語はない。これは「間、髪」で、読み方も「かん、はつ」となる。間に髪の毛も入れないほどの「たちどころに」の意。

【雁擬の味】

○がんもどき

訓読みがポイントで、「擬」の訓は「もどき」つまり「似せて作る」ということ。あのガンモドキだ。京都では「飛竜頭《ひりゅうず》」と呼ぶ。

【鬼哭啾々】

○きこく

「哭」は「泣く」の意で、音は、コク。「慟哭」ならドウコク。一方ここでの「鬼」の意は「故人」で、「寂しくあわれげに泣く」の意。

【踵を返す】

○きびす、くびす

「踵」は「かかと」のことだが、この決まり文句では「きびす」か「くびす」と読むのが常識。例文の意は「引き返す・後戻りする」の意。

【華奢な造り】

【武士の矜持】

【当社の金看板】

【問題を括る】

○きゃしゃ
「姿がほっそりとしていて上品、弱々しくて姿が美しい」ことで
かつては「花車」とも書いた。ここでの「奢」は「見せかけ」の意。

△きんじ→○きょうじ
「矜」の意は「誇り」、音は漢音でキン、漢音・呉音でキョウで、
「矜持」はキンジでもいちおう可とされている。意は「自己を誇
り尊大に構える」。

○きんかんばん
この場合の「金」の読みは、ゴールドを意味する「きん」でよ
く、意も「金文字を彫り込んだ看板」転じて「堂々たる主義主張」。

○くくる
「一つにまとめる・束ねる」ことを「くくる」といい、漢字では
「括る」と表記する。「弧で括る」のが「括弧《かっこ》」、「総《すべ》て括る」は
「総括」。

【口舌が達者】

○くぜつ

この場合の「口」の音は「口伝」の場合と同様に、ク。「舌」はゼツなので、「口舌」でクゼツ。意は、「弁口・おしゃべり」。クゼチとも。

【詩を口遊む】

○くちずさむ

心の思うままにふるまうことを「遊《すさ》ぶ」といい、名詞で「筆の遊《すさ》び」などと使う。で、「口遊む」も「くちずさむ」。何となく口にする意。

【求道精神】

○ぐどう

仏教で、また日本人のあり方一般で用いられる場合は「ぐどう」。「求真」はグシン。「きゅうどう」が認められるのはキリスト教で。

【功徳をほどこす】

○くどく

元仏教用語で「現世・来世に幸福をもたらす善行」のこと。「功」をクと読む例は他にやはり仏教用語で「功力《くりき》」がある程度。

【傾城の美女】

【逆鱗に触れる】

【解脱と悟り】

【健気な兄弟】

○けいせい

意は「その美しさと色香で王を惑わし、城を傾けさせてしまうほどの美女」。「城」をセイと読ませるのは、この「傾城」ぐらいである。

○げきりん

「逆鱗」すなわち「竜の顎の下に逆さに生えている鱗」。「逆」をゲキと読む例は他に「逆旅《げきりょ》（旅館）」「逆科（推測）」など、ごくわずか。

○げだつ

「解」はついカイと読みたくなるが、「解せない」「解熱」「解毒」の場合と同じ、ゲ。何から解脱するのかといえば「欲望・執着」。

○けなげ

「すこやか・勇ましい」転じて「殊勝な・明るく立派な」の意の言葉が「健気」。ただし、「健」をケナと読む例は他にはほとんどない。

【価値を減殺】

○げんさい

「殺」は「殺す」意で用いる場合と「殺《そ》ぐ」意で用いる場合があり、後者ではサイの音を採ることが多い。「相殺」とあれば、ソウサイ。

【言質を取られる】

○げんち

ゲンシツもゲンシチも基本的には誤読。ゲンチが正しい読み方で、意は「のちの証拠となるべき約束の言葉」。「質」の特例読み。

【剣呑な関係】

○けんのん

「剣呑」とは「危ういこと」の意だが、「呑」にはドンの音はあってもノンの音はない。これは「険難」が転じた言葉のせいで、当て字。

【権柄ずく】

○けんぺい

「権」は「権力」「権勢」のケン、「柄」は「斧の柄」で、音はヘイ。で、「けんぺいずく」。意は「権勢にまかせて物事を運ぶ」こと。

【業苦の果て】

【格天井】

【黒白をつける】

【御相伴になる】

【克己心を持つ】

○ごうく

自分の行為に対する善悪の報いを仏教では「業」といいゴウ読む。「非業」「宿業」「業火」など、すべて「業＝ゴウ」。

○ごうてんじょう

大寺院やお城の本丸などにある井桁《いげた》に組んだ「格子《こうし》状の天井」。コウがゴウに濁り、ゴウテンジョウ。その「格子」も極太。

○こくびゃく

要するに「シロクロつけようじゃないか」のシロクロなのだが、「だからといってクロシロをつける」とは読まない。

○ごしょうばん

「相」をショウと読む例の代表的な熟語は「首相」「宰相」「蔵相」などの大臣を意味する場合と、この「御相伴」。互いに連れ立つ意。

○こっきしん

「克己」はコクキでも不可で、コッキと撥ねるのが正しい読み方。

いわゆる音便だ。「己」の音はコ、キ。ミは名前の場合だけの慣用。

【喧嘩は御法度】

○ごはっと

「御法度」とは「お上から下された法律」のことで、法律といえば「べからず」と決まっていたので、「禁止事項」の意。

【手を拱く】

○こまぬ（ね）く

「こまぬく」「こまねく」、どちらでもよく、要するに「手を拱く」とは「両手を胸の前で重ね合わせること」、転じて「何もしない」意。

【宮内庁御用達】

○ごようたし

「ちょいとヨウタシに行ってくるか」のヨウタシが「用達」。それを丁寧にいうと「御用達」になるというだけの話。「御」が混乱の因。

【声高に話す】

○こわだか

音読みにしてセイコウでも不可。ここでの「声」の読みは「こえ」ではなく「こわ」。伝統的語法の一つで、「声色」なら「こわいろ」。

【法隆寺建立】

【寺院を再建】

【水面《みなも》の小波】

【細石の巌となる】

○こんりゅう

日本史でおなじみの用語で、意は「建て上がること」。「建」がコン、「立」がリュウになる。因みに「創建」も、ソウコンが正読。

○さいこん

一般に使う「再建」なら「さいけん」でよいが、仏教用語になると「さいこん」。「建立《こんりゅう》」と同。

○さざなみ

「大波小波」とあれば「小波」は「こなみ」でよいが、「小波」だけなら「さざなみ」。「小＝ささやか」の意だ。「細波」また「漣」とも。

○さざれいし

訓読みにするのがポイントで、「細」には「ささら・さざら・さざれ」の読みがある。「細石」は「小石」の意。『君が代』でおなじみ。

【思惟の時間】

【此岸と彼岸】

【条例の施行】

【手紙を認める】

【七七日の法事】

○しい

「惟」は「思う・考える」の意で、「惟う」なら「おもう」。音は、イまたユイ。で、「思惟」はシイ、「深く思いめぐらすこと」の意。

○しがん

仏教でいう「こちら側の岸」すなわち「現世」が「此岸」で、対になる「あの世」が「彼岸」。「此」の音はヒ（比）ではなく、シ。

○しこう

これは「施工」と一緒に覚えておくとよい。「施工」は「セコウ」で、「施行」は「シコウ」。片や工事、片や法律等の、定番の用語。

○したためる

一つの常套句として、上に「手紙を」とか「文書を」といった語句がある場合は「したためる」で、意も「書きしるす」になる。

○しちしちにち

「ななじゅうななにち」でも不可。この「七」は「しち」で、「七七」は「しちしち」すなわち「四十九日」のこと。「なななぬか」とも。

【自然薯の粘り】

○じねんじょ

「自生している山芋」のこと。「自然生《じねんしょう》」が転じた表記とか。「自然」をジネンと読む例は他に「自然悟道」や剣法の「自然流」など。

【赤銅色の肌】

○しゃくどういろ

小麦色の上をいく「赤黒く日に焼けた色」で、「赤」をシャクと読む例は他に、暦の上で大凶の日とされる「赤口＝しゃっく」ぐらい。

【相手を折伏】

○しゃくぶく

仏教用語。意は「相手の悪や誤りを打破し、真実へと教え導く教化法」。「折」をシャクと読む例は他にほとんどなく、丸暗記しかない。

【奢侈に流れる】

○しゃし

「奢」の音はシャ。「侈」は、イではなく、シ。意は「おごる・たかぶる」。「奢」も「おごる」なので、「奢侈」は「おごって贅《ぜい》沢《たく》」の意。

【文明の終焉】

○しゅうえん

「焉」の音は、エン。意は「ここに……」で、「焉んぞ」とあれば、「いずくんぞ」。「終焉」の意は「終わるところ・死のまぎわ」。

【愁眉をひらく】

○しゅうび

「眉」の音をビと知っていればすぐ読める。「愁眉」とは「愁《うれ》いにひそめた眉」で、それを「ひらく」とは「心配事がなくなり安心」の意。

【主客転倒】

○しゅかく

「主体・主人」と「客体・客」が立場を逆転させることで、この場合の「客」の読みは、カク。同じ例は他にも「客死」「刺客」など。

【粛然たる思い】

○しゅくぜん

「粛」は「静粛」のシュク、と思い出すとわかりも早い。「粛然」はシュクゼンで、意は「おごそかな様（「粛然と襟を正す」）」。

【珍味の酒肴】

○しゅこう

音読みがポイントで、「酒」はシュ、「肴」はコウ。意は「酒と料理（さかな）」。ただし、このサカナは単に魚だけをいうのではない。

【蕭々として……】

○しょうしょう

シュクシュクは「粛々」。「蕭」は音がショウで、「さびしい」の意。それが強調形で二つ重ねられて、「いかにも、ものさびしい様」の意。

【生者必滅の習い】

○しょうじゃ

仏教用語であり『平家物語』中の有名なくだりでもある。となれば当然読み方も特殊になり、「生」はショウとなる。日本の無常観の世界である。

【焦眉の急】

○しょうび

別項の「愁眉」と同様、「眉」の音がビとわかれば簡単。他にも「白眉」「眉目秀麗」など。例文は「さし迫った急務・危機」の意。

【退くが定法】

【従容たる死】

【真摯な態度】

【進捗状況】

○じょうほう

意は「定められた教えや規律」「物事を行なう一定のやり方」で、「定」をジョウと読む例は他に「定石」「勘定」「必定」「評定」等々。

○しょうよう

「従容として死に就《つ》く」とは「ジタバタせず、静かに落ち着き払って死を受け入れる」ということ。「従」がショウの例は他に「追従」。

○しんし

「摯」の意は「とる・とめる」または「まこと・まじめ」、音は、シ。で、「真摯」は「きわめてまじめ」の意。

○しんちょく

「交渉」の「渉」の音はショウだが、「捗」の音はチョク、意は「はかどる」。で、「進捗」の意は「はかどり進むこと」。カタい表現だ。

【任務を遂行】

○すいこう

「遂に」とあれば「ついに」だが、「遂」という漢字は熟語で用いられると音読みが原則となり、スイ。「完遂」もカンスイ。

【寂として声なし】

○せき

「寂」の音のジャクは呉音で、漢音では、セキ。「寂蓼」「寂寞」のセキの使い方と同じだ。で、例文の意は「ひっそりと静か」な譬え。

【漸次片付ける】

○ぜんじ

ザンジだと「暫時」の表記になる。この「漸」は、旁が「斬」であるにもかかわらず、音はゼン。「漸次」は「しだいに」の意。

【ここを先途と攻める】

○せんど

「先途」とは「途の先」すなわち「物事の最後・大事な瀬戸際」をいう。「途」をトではなくドと濁らせるのは、音感を重視しての強調か。

【相好を崩す】

○そうごう

「相好」とは「仏の肉体にそなわっている素晴らしい特徴」のこ

とか。それを「崩す」とは「大いに喜び笑う」こと。常套句だ。

【痩骨に鞭打つ】

【総花的解説】

【相聞歌の相手】

【粗忽な使者】

○そうこつ

音読みがポイント。「痩」の音は「痩身術」の熟語でおなじみのソウで、「骨」ならソウコツ。「痩せ細った身体」の意（「骨＝身体」）。

○そうばなてき

納得いかないかもしれないが重箱読みが正読。意は、「広く浅く・まんべんなくとらえてあるが突っ込み不足・華にして貧」。

○そうもんか

『万葉集』の三部立て（三つの部類）の一つで、男女・親子・兄弟などの情をうたった歌が「相聞歌」。「前代未聞」も「聞」はモン。

○そこつ

「忽々」と書いて「そうそう」と読む。あわただしい様、の意だ。「忽」はそれとは別字で、「忽《たちま》ち」と使い、音はコツ。「忽然」など。

こんな当て字読めますか

【欠伸が出る】

○あくび

「欠」と「伸」で「あくび」とは、完全な当て字だが、「欠」の一字で、「あくび」と読ませることもある。「おくび」なら「噯」。

【数多の功績】

○あまた

「数多」と書いて「あまた」と読むが、「数」にアマの音も訓もないので、これは当て字。意は「たくさんの」で、「数多の群衆」などと。

【塩梅を見る】

○あんばい

かつて料理の味は塩と梅酢で調《ととの》えたところから「ちょうどよい具合の処置」の意で「塩梅」。現在では「按配」「按排」と同義語に。

【弥栄を祈る】

○いやさか

「弥」の音はミ、ビで、いくつもある意の一つが「いよいよ・ますます」。そこから「いや」の訓が生じ、「栄」は「さか」で「いやさか」。

【似非哲学者】

○えせ

「似而非」すなわち「似て非なる」の略が「似非」で、読み方は「えせ」、すなわち「まやかし・にせもの」の意。

【足袋の小鉤】

○こはぜ

足袋を踵のところで締めつけて固定する止め金具が「小鉤」。「鉤」音はコウ、ク。訓は「かぎ」で、「小鉤」は当て字。

【竹刀で喧嘩】

○しない

読んで字のごとく「竹の刀」だが「竹光」ではない。剣道の稽古で使う、あの「しない」。「撓《しな》い竹」から来た言葉とか。

【老舗の名店】

○しにせ

「ろうほ」でも必ずしも間違いではないが、「しにせ」が一般的。先祖からの商売を絶やさず続ける、という意の「仕似せ」の当て字。

【神社の七五三縄】

○しめ

「七五三縄」で「しめなわ」。「標縄」「注連縄」とも書き、「標」を意味する「しめ」の当て字。その間にはさんで下げる紙が、「四手《しで》」。

【心太の涼味】

○ところてん

「心太」を湯桶読みすれば「こころた」で、それがココロテ、さらにトコロテンと転訛したという説もある。

【螺子を巻く】

○ねじ

「螺《らせん》」は「螺鈿」や「螺旋階段」の「螺」なので、音はラでよいのだが（意は「螺旋状の殻をもつ貝の総称」）、当て字なのでやむなし。

【香具師の口上】

○やし

「香具師」と書いて「やし」と読む。縁日などで見世物をしたり、口上巧みに物を売る人たちの称。「野師」「弥四」とも。

【彼奴】あいつ
【総角】あげまき
【天晴】あっぱれ
【周章てる】あわてる
【火酒】ウオッカ
【五月蝿い】うるさい
【似非】えせ
【十八番】おはこ
【案山子】かかし
【幇間】たいこもち
【蒲公英】たんぽぽ

【乾酪】チーズ
【九十九】つくも
【就中】なかんずく
【叩頭く】ぬかずく
【強請る】ゆする
【土師器】はじき
【微睡む】まどろむ
【木乃伊】みいら
【玄孫】やしゃご
【弱法師】よろぼうし
【病葉】わくらば

読み間違いやすい漢字 た行からわ行まで読んでみよう

【代替物件】

○だいたい

「たいがえ」と読むと、音＋訓のいわゆる重箱読みになる。「替」の音は、タイ。で、「代替」はダイタイ、「交替」はコウタイとなる。

【松明の火】

○たいまつ

松はヤニが多いのでよく燃え、「焚松《たきまつ》」として明かりに使ったところから、転じて「松明《たいまつ》」とか。典型的当て字で、読めなくても可？

【綱を手操る】

○たぐる

「手」を「た」と読む日本語の伝統的語法で、「手綱」も「たづな」。ただし、「手操糸」は「てぐりいと」、「手操網」は「てぐりあみ」。

【多士済済】

○たしせいせい

一般に広く用いられているタシサイサイの読みは実は慣用でしかなく、正しくはタシセイセイ。意は「優秀な人がぞろぞろ並ぶ」。

【東福寺塔頭】

○たっちゅう

大寺の寺域内に建てられた、高僧の遺徳をしのぶ小寺（僧房、脇寺）が「塔頭」で、仏教らしく唐音でタッチュウ。京都などに多数ある。

【矯めつ眇《すが》めつ】

○ためつ

「矯」は音がキョウ、訓が「ためる」（「矯正」の意）、「眇」は音がビョウ、意は「目を細くして見る」で「あちこちから丹念に見る」意。

【趣味に耽溺】

○たんでき

「何かに夢中になって何もかえりみない熱中ぶり」を「耽溺」という。「耽」は「耽美」のタンで「ふける」、「溺」は「溺愛」のデキ。

【知行合一】

○ちこうごういつ

「領地を治める」の意の「知行」なら読みはチギョウだが、ここは陽明学の「知識と行為」の意なので、それに忠実にチコウとなる。

【蟄居閉門】

○ちっきょ

「啓蟄」の「蟄」で、音はチツ、意は「虫などが土中に隠れている」こと。それを人間に当てはめると「蟄居」になる。昔は武士の謹慎。

【千尋の海原】

○ちひろ

センジンだと「千仭」の表記になってしまう。「尋」も音はジンだが、ここは訓読みで「ひろ」（約八〇センチ）で「ちひろ」。

【釣果なし】

○ちょうか

「釣」は訓では「つり・つる」だが、音ではチョウ。「釣魚」なら、チョウギョ。で、「釣果」はチョウカとなり、「釣りの成果」の意。

【手水で清める】

○ちょうず

寺社への参拝などでおなじみの「顔や手を洗うこと、またその水」「便所」等の意。「てみず」の音便。「手水鉢」「手水場」の関連語も。

【長大息】

○ちょうたいそく

切り所がポイント。これは「長大・息」ではなく、「長・大息」。この「大息」（大きな溜息）の読みがタイソクで、チョウタイソク。

【直截な発言】

○ちょくせつ

チョクサイというのは誤読が慣用になった読みで、正しくはチョクセツ。「截」の音はセツ、意は、「断ち切る」。「截断」はセツダン。

【追従の笑い】

○ついしょう

「つきしたがう」の意で使う場合はツイジュウでよいが、例文のように「こびへつらう」の意の場合は、ツイショウ。「従」はショウ。

【友の死に痛哭】

【番のカナリヤ】

【釣瓶井戸】

【剃髪して僧に】

【伝播の経路】

○つうこく

「哭」の意は「泣く」、音はコク。「慟哭」とあれば、ドウコク。「痛哭」も似たような意で「ひどく嘆き悲しんで泣くこと」。悲痛。

○つがい

「蝶番」は建築現場ではチョウバンと呼び習わされているが、正しくは「ちょうつがい」「番」の訓読みの一つが「つがい」なのだ。

○つるべ

「つりびん」でも「つりべい」でもなく、「つるべ」。千代女「朝顔に釣瓶とられてもらい水」のあの「釣瓶」である。

○ていはつ

音読みがポイント。「剃」は、部首が「刂」で旁が「弟」なので、音はテイ。「剃る」なら「そる」。「剃髪」は「髪を剃り落とすこと」。

○でんぱ

「播」の音は、ハとハンだが、熟語ではハの採用が多く、「播種」

ならハシュ。パは音転。「伝播」の意は「たどりつたわること」。

【天賦の才】

○てんぷ

「賦」の音は、「賦役」「課」などのようにフでよいが、熟語の下に来ると「月賦」のようにプに音転する。意は「わりあてる」。

【伝法な台詞】

○でんぽう

仏教用語としてなら「法を伝えること」になるが、一般的用法では「いなせな・勇み肌の」の意で、読み方も勢いをつけて、デンポウ。

【胴間声を出す】

○どうまごえ

一体どういう声かといえば、どこか変な調子の「決してうるわしくも上品でもない、濁った太い声」をいう。コテコテの訓読み。

【灯明をかざす】

○とうみよう

「明＝ミョウ」の読みは仏教用語に限った特例ではなく、「光明」や「明星」「明朝・明日・明晩」「不動明王」「無明」「声明」……等々。

【本の読誦】

○とくしょう

「読経」ならドキョウなのに「読誦」だとトクショウ（またはドクショウ、仏教用語としてならドクジュ）になるという妙な難読熟語。

【読本と絵本】

○とくほん

教科書、入門書、読物の総称が「読本」で、「読」をトクと濁らないところがポイント。訓で「よみほん」だと江戸期の空想伝奇小説。

【常世の習い】

○とこよ

意は「常にある・変わらない」ことで、「常」を訓で「とこ」と読めるかどうかかポイント。「常春」「常夏」「常滑《とこなめ》」……他。

【斗酒なお辞せず】

○としゅ

ここでの「斗」は酒の量をいう一斗、二斗の「斗」で、したがって読みも「と」。例文の意も「出された酒は辞退せずに呑む」。

【塗炭の苦しみ】

○とたん

「塗る」は動詞では「ぬる」だが、名詞では「泥」の意をもつ。一方、「炭」は「火」。で、「泥にまみれ、火に焼かれるがごとき苦境」の意。

【訥弁の人】

○とつべん

「訥」は「話し方がなめらかでない」の意で、音はトツ。これをノウと誤読するのは「納」からの連想か。ノウベンでは逆の「能弁」。

【奈辺にありや】

○なへん

古典的言い方で、意は要するに「どのへん・どのあたり」ということ。「那辺」の表記でもよく、いずれにせよ読み方は「なへん」。

【生兵法】

○なまびょうほう

この場合の「生」も「なま」だが、誤読が多いのは「兵法」のほうで、そのままなら「へいほう」でも、「生」がつくと音も一変。

【生業とする】

○なりわい

「生業」をセイギョウと読むと、「正業・副業」の「正業」とま

【納戸の隅】

【証拠を捏造】

【白砂青松】

【狭間を行く】

ぎらわしい。「生業」は「なりわい」で「生きていくための職業」。

○なんど

「納」の読みは厄介で、「納屋」や「大納言」なら、ナ。「納豆」なら、ナッ（ナッ）。で、「納戸」だと、ナン。衣服類を納《しま》っておく部屋だ。

○ねつぞう

「捏」は「こねる」の意で、音はデツ。で、「捏造」の正しい読みはデツゾウだが、慣用でネツゾウ。「捏ね焼」なら「つくねやき」。

○はくしゃ

「白砂青松」とは「白い砂と緑の松」、転じて「美しい海岸の風景」の比喩で、ハクシャセイショウと読む。「土砂」「銀砂」のシャ。

○はざま

「せまい道・時間」を「狭間」という。どうしても「はさむ＝挟」の字を使いたくなるが「狭間」が正解で、キョウカンだと「峡間」。

【末子相続】

【馬匹改良】

【盤石の構え】

【版図拡大】

○ばっし

北関東の一部や東北では「末っ子」のことをバッチと呼ぶが、これは「ばっし」が訛ったもの。現在は「まっし」でも可とされる。

○ばひつ

「匹」の「ひき」の訓はむしろ度外視しておいたほうがよい。「匹」の音はヒツで、「匹敵」「匹夫」もヒツ（ヒッ）。意は「一つの」。

○ばんじゃく

「石」をジャクと読めるかどうかがポイント。「磁石」のシャクが音転したものと考えればわかりやすい。「磐石」は、安定した巨岩。

○はんと

「版」は「戸籍」の意、「図」は、「地図」の意で、「版図」すなわち「一国の領土」を指す。「図」の音がトになるのは漢音（呉音はズ）。

【万般に通ず】

【比肩する能力】

【敗北は必定】

【人身御供】

【鄙びた温泉町】

○ばんぱん

これも「万」の読みがバンになる例。「万感」「万才」「万死」「万事」……等々、仲間は多い。「万般」の意は「すべての物事」。

○ひけん

「肩痛」を「かたつう」などと読む人がいるが、ケンツウが正しい読み方で、「肩」の音はケン。「比肩」は「肩を並べること」の意。

○ひつじょう

「必ずそうなると定まっている」ことを「必定」という。この場合の「定」の読みはジョウ。「定石」。「定規」「定紋」「勘定」もジョウ。

○ひとみごくう

「人身」は訓で「ひとみ」、「御供」は音でゴクウと、四字熟語のみ。しかも「御供」がゴクでなくゴクウと音引きされるのがミソ。

○ひなびた

「都会」に対して田舎一般を「鄙」と呼ぶ。「鄙には稀ないい女」

【洞穴の氷室】

【憑依現象】

【怪しい風体】

【平滑な土地】

などと使う、あの「ひな」だ。それを江戸っ子が口にするとシナ。これは誤読。

○ひむろ

伝統的な日本語で、訓読みがポイント。「氷」は「ひ」、「室」は「むろ」で、「ひむろ」。つまりは、かつての天然の冷蔵庫だ。

○ひょうい

「悪霊にとりつかれる」といった現象が「憑依現象」で、「憑」は、「つく」の意。「憑きもの」とあれば「つきもの」。音は、ヒョウ。

○ふうてい

「みなり・見たかたち」を「風体」という。この場合の「体」の読みは「てい」で、「体裁」「体よく断る」などの場合と同様。

○へいかつ

「滑」をコツの音で使うのは「滑稽」の表記ぐらいで、「滑走」「滑降」「滑落」「滑車」また「円滑」「潤滑油」など、みなカツである。

【平生の務め】

【閉塞状況】

【隣の国を併呑】

【簡単な便覧】

【放逐処分】

○へいぜい

「平」には「並の・普段の」の意がある。一方、ここでの「生」は「生活」の意。で、ヘイゼイの慣用読みで、「普段の生活上の」の意。

○へいそく

「砦」の意で「要塞」「防塞」などと使う場合の『塞』の読みは、サイ。対して「ふさぐ」という場合は「充塞」などのように、ソク。

○へいどん

「呑気」と書いて「呑」をノンと読ませるのはむしろ特例で、「呑」の音はドン。「呑舟」ならドンシュウ。「併呑」は「合わせ呑む」意。

△びんらん→○べんらん

「視覚的な便利さを優先した小さなマニュアル」を「便覧」といい、一般には「びんらん」と呼ばれているが、正しくは「べんらん」

○ほうちく

これも「逐」がチクと読めれば簡単な熟語。「放」はホウで

【権威を冒瀆】

【朴訥な人柄】

【朋輩と一献】

【梵鐘の音色】

「はなす・はなつ」の意、「逐」は「おう」で、「放逐」は「追い払う」こと。

○ぼうとく

「瀆」の音は覚えておいたほうがいい。ハイではなく、トク。意は「おかし汚《けが》す」ことで、「瀆職」なら「汚職」の意。「瀆神」もある。

○ぼくとつ

覚えるべきは「訥」の読み。字面が似ているのでノウなどとしがちだが、「訥弁」「訥々」のトツで、意は「飾り気がなく無口」。

○ほうばい

「朋」は「とも（友）」で、音はホウ。「輩」は「仲間・やから」の意で、音はハイだが、この場合だけは特にバイ。ホウに連動の音転。

○ぼんしょう

「鐘」は「かね」だが、音は、旁が「童」であるにもかかわらず、ショウ。漢音である（ドウは呉音）。「憧憬《どうけい》」も正しくはショウケイ。

【幕間狂言】

〇まくあい

芝居で、一幕が終わって次の幕が上がるまでの間が、「幕間」。訓読みで「間＝あい」がポイント。芝居用語での最大の特徴だ。

【間尺に合わない】

〇ましゃく

「間尺に合わない」とは「割に合わない」ということ。昔の人は、「そんな話、間尺に合わないネ」などとよく使ったもので、日常語。

【末世の予兆】

〇まっせ

仏教用語。したがって「世」の読み方も、セイではなく、セになる。「現世《げんせ》」「来世《らいせ》」「世知《せち》」「宿世《すくせ》」など、「世」はすべて、セ（ゼ）。

【眉間に立皺】

〇みけん

「眉」の音は、「眉目《びもく》」「白眉《はくび》」や「焦眉《しょうび》」のようにビだが、「眉間」の場合はほとんど特例的に、ミ。

【水茎の跡】

〇みずくき

「水茎の跡もうるわしく」とあるのを見て「お見事な筆跡」の意とわかれば、なかなか。「水茎」とは「筆」のこと。「みずぐき」とも。

【未曾有の大災害】

○みぞう

「未曾有」とは「未だ曾て有り得ない」の意で、難しいのは「有」の読み方だけ。この「有」は「有頂天」「有無」「有耶無耶」のウ。

【御霊を祀る】

○みたま

「御霊神社」とあればゴリョウでよいが、「御霊」だけなら訓読みで「みたま」。「木霊」「言霊」などの場合なら、音伝して「だま」に。

【深山の紅葉】

○みやま

「深山幽谷」の四字熟語なら、シンザンユウコク。意も「奥深い山」になる。対して「みやま」は「美しい山」の意。「深雪《みゆき》」も同様。

【黙然と佇む】

○もくぜん

「黙」は漢音ではボクだが、日本で主流なのは呉音のモクのほう。「黙然」は「黙って何もいわない」様。モクネンでも間違いではない。

【目論見どおり】

○もくろみ

「目論」が音読みで、「見」が訓読みの、変型重箱読み。その

「もくろんみ」が転訛して「もくろみ」とは、高等技術というべきなのか。

【門跡寺院】

○もんぜき

京都ならあちこちにある「皇子や貴族などの住した寺」を「門跡寺院」といい、宇多天皇の仁和寺《にんなじ》が最初とか。仏教用語の特殊性。

【門扉を開ける】

○もんぴ

「門」を音読みしたら「扉」も音読みするのが常道で、「扉」の音はヒ、それが「門扉」の熟語になってピと音転したもの。門の扉。

【来年が目途】

○もくと

よく混同される「めど」のほうの漢字表記は「目処」。「目途」は正しく音読みでモクトで、意は、「めざすところ・目標・目当て」。

【野に下る】

○や

熟語で書くと「下野《げや》」。「官職をしりぞいて民間の生活に入る」ことで、あの「野党」「在野」のヤ。

【疫病神】

○やくびょうがみ

「疫病」は「えきびょう」だが、「疫病神」だと「やくびょうがみ」になるという、日本語のこの厄介さ。実は漢音がエキ、呉音がヤク。

【古い家並】

△いえなみ→○やなみ

正しくは「やなみ」である。が、「いえなみ」という読み方が、誤用のまま広く一般化し、慣用になってしまったために、現在は可、と。

【山家育ち】

○やまが

山深い田舎で育った人を「山家育ち」といい、「やまがそだち」と読む。「家」がカならぬガというのも異例だ。

【湯桶読み】

○ゆとう

訓読みなら「ゆおけ」、音読みなら、トウトウ。その原則を無視しての「訓+音」の変則的読み方をこう呼ぶ。逆が「重箱読み」。

【陶磁器の窯変】

【落魄の身】

【罹病して欠席】

【機密漏洩】

【女性を籠絡】

○ようへん
陶磁器を窯《かま》で焼成すると、高熱で陶土の表面や釉薬《ゆうやく》が化学変化を起こし、思いがけない変色効果を見せる。これが「窯変」。

○らくはく
「魄」の部首は「鬼」のほうで、旁は「白」。したがって、音はハク。意は「楽しい」だが、この「落魄」の熟語では「おちぶれる」。

○りびょう
「羅」なら音はラだが、「罹」は、リ。意は「かかる」。「罹病」なら「病気にかかること」。他にも「罹災」「罹患」などと使われる。

○ろうえい
「漏」も「洩」も訓では「もれる」だが、音では「漏＝ロウ」で「洩＝エイ」。「洩」は正しくはセツとか。その慣用が定着し「漏洩《ろうえい》」。

○ろうらく
「籠」の訓は「かご」、音はロウ。「籠球《ろうきゅう》」ならバスケットボールの意になる。「絡」は「まるめこむ」意なので、「籠絡」の意は自明。

【屋根の緑青】

○ろくしょう

銅の表面が酸化して生じた「緑がかった青色」のこと。読みはリョクセイでもリョクショウでも、不可。「緑」はロク、「青」はショウ。

【炉辺談話】

○ろへん

「炉」は日本なら「囲炉裏《いろり》」、西洋なら「暖炉《だんろ》」を指し、いずれにせよ「炉」の音は、ロ。で、「辺」も音読みにし、「炉辺」で、ロヘン。

【呂律が回らない】

○ろれつ

もと仏教用語。お経の声明（しょうみょう、と読む）での二つの音階「呂《りょ》と律《りつ》」を指し、そのリョリツがロレツと転訛したもの。

【趣味に惑溺する】

○わくでき

「惑」は「誘惑」のワク、「溺」は「溺愛」「溺死」のデキで、「惑溺」はワクデキ、意は、平たくいえば「メロメロに溺れる」こと。

いろんな笑いの漢字です

微笑む	ほほえむ	にっこり笑う
相好を崩す	そうこうをくずす	心からうれしくてにこにこ笑う
口元が綻びる	ほころびる	口元がゆるんで笑う
笑壺に入る	えつぼにはいる	すっかり満足して笑わずにはいられなくなる
破顔一笑	はがんいっしょう	顔をほころばせてにっこり笑う
追従笑い	ついしょうわらい	相手にこびへつらうような笑い

苦笑い　にがわらい
苦々しを紛らわすための無理な笑い

北叟笑む　ほくそえむ
思う通りにことが運び独りにこにこする

嘲笑う　あざわらう
あざけり笑う

嗤笑　ししょう
あざけって笑うこと

憫笑　びんしょう
哀れんで笑うこと

呵呵大笑　かかたいしょう
からからと打ち笑うこと

抱腹絶倒　ほうふくぜっとう
転げるくらいに大笑いすること

人を好きになったときの言葉

慕う　したう　懐かしく思う、心に思い出を暖める

偲ぶ　しのぶ　恋しく思う、懐かしく思い出す

憧憬　しょうけい　あこがれる

見初める　みそめる　異性を一目見て恋に落ちる

懸想　けそう　娘に懸想する、異性に思いを懸ける

徒情け　あだなさけ　かりそめのはかない恋

選り好み　よりごのみ　多くの中から好きな人だけを選ぶ

贔屓　ひいき　特に目を掛けて力を添える

依怙贔屓　えこひいき　片方だけ不公平にひいきする

滾る　たぎる　情熱が——。感動が強くわき上がる

轟く　とどろく　胸が激しく動悸を打つ

麗しい　うるわしい　立派で輝かしく美しい

もう一ランク上のむずかしい漢字
じっくり読んで下さい

【生憎な空模様】

○あいにく

「生憎」の本来の読みは「あやにく」だそうだが、アヤにせよアイにせよ、ほとんど特例的読み方。

【阿漕な金貸し】

○あこぎ

訓読みで「あこぎ」で、出典は古今集の「逢ふことを阿漕の島に」の歌とか。意は「あつかましく貪《むさぼ》ること」。

【軋轢に悩む】

○あつれき

「軋」ならキだが、「軋」の音は、アツ。「車輪がこすれあって、軋《きし》む音を立てる」の意。「轢」はレキで「ひく・きしる」意。「轢《れき》死《し》」とも。

【彼に肖る】

【睚み合い】

【訝しい態度】

【殷賑をきわめる】

○あやかる

「肖像画」とは「姿を同じように描いた絵」の意で、「肖」の意は、「同じようになる」。それを「肖る」といい、「あやかる」と書く次第。

○いがみ

対立し、敵対する不穏な関係を「いがみあい」といい、漢字表記では「睚み合い」となる。「睚」の音はガイだが、熟語はほとんどない。

○いぶかしい

「訝」の音はゲまたはガで、「怪訝」をケゲンと読むのは音転が定着したもの。意は「いぶかしむ」で、「訝しむ」。「訝る」は「いぶかる」。

○いんしん

「殷」は「大きい・ゆたか」の意で、音はイン。「賑」は「にぎやか」の意で、音はシン。で、「殷賑」は「富み栄えて賑やかなこと」の意。

【穿った見方】

○うがった

「穿」は「ほじくる・裏まで通る」の意の漢字で、音はセン、訓は「うがつ」（「穿つ」）。「穿った」は「表面的でない、裏読み的な」の意。

【胡散くさい人物】

○うさん

「胡」は漢音ではコだが、唐音ではウになる。この「胡散」の場合は唐音採用で、ウサン。意は「なんとなく怪しげ・どこか不審」。

【床に蹲る】

○うずくまる

「蹲踞の姿勢」は相撲や剣道などで膝を曲げて腰を落とすソンキョの姿勢。「蹲」も「踞」も、意は「うずくまる」。で、「踞る」とも。

【梲が上がらない】

○うだつ

「いつまでも出世しない」といった意の「うだつが上がらない」の「うだつ」が「梲」で、商家の屋根の端の「富福」の象徴の小

【項の後《おく》れ毛】

【胡乱な目つき】

【蘊蓄がある】

【猿臂を伸ばす】

屋根。

○うなじ

「項」には「首（首すじ）」の意もあり、特に首のうしろ側の「うなじ」を指す。「項縮《こうしゅく》」とあれば「首を縮める・恥ずかしがる」の意。

○うろん

「胡」は漢音ではコだが、唐音では、ウ。一方「乱」はランで、ロンは音転したもの。で、ウロン。意は「疑わしい・胡散《うさん》くさい」。

○うんちく

「蘊」の意は「積む」。で、「温」と似ているからオン、との見当はよいのだが、「温」にはウンの音もあり（「温気《うんき》」等）、「蘊」もウン。

○えんぴ

「臂」は音がヒで、意は「腕・かいな」。一方「猿」はここでは「猿のように長い」という形容句で、例文の意は「長い腕を伸ばす」。

【曖にも出さない】

【煽て上手】

【尾鰭を付ける】

【怖めず憶せず】

○おくび
「曖」は音ではアイだが、訓では「おくび」、すなわち溜息・吐息、また微小なゲップの類の意。で、例文の意は「ちらとも出さない」。

○おだて
「人をおだてる」の「おだてる」を漢字表記すると「煽てる」。つまりは団扇《うちわ》で火を盛んにするように「煽《あお》る」こと。「煽動《せんどう》」の「煽」。

○おひれ
「おびれ」では、魚の「尾の鰭」だけを指す言葉になる。ここは「おひれ」で、「尾と鰭」のこと。そのくらい大袈裟にするのだ。

○おめず
「怖」の音はフだが、ここは訓読みで「おめず」。この「怖めず」の表現は古語「怖《お》む」の否定形で、「気おくれせず・ひるまず」の意。

【権威に阿る】

○おもねる

ここでの「阿」は「阿諛追従《あゆついしょう》」(「こびへつらう」の意)の「阿」で、「おもねる」という意。その対象は概ね、権威・権力。

【データを改竄】

○かいざん

「竊鼠」ならキュウソで、「鼠」の音はソだが、「竄」になるとザン。意は「改め変える」こと。「改竄」は「(不当に)改め変える」の意。

【人口に膾炙する】

○かいしゃ

「膾」は音がカイで「なます」の意。「炙」はシャで、「あぶり肉」の意。この両者が万人に好まれるところから、「広く知られる」の意。

【晦渋な文章】

○かいじゅう

旁が「毎」の字の音はバイかプがカイ(「梅」「侮」「海・悔」)のどれかだが、「晦」はカイ。「渋」はジュウ。「晦渋」の意は「難解」。

【鎧袖一触】

○がいしゅう

鎧《よろい》の袖でちょっと触れただけで相手を倒してしまう「すごい威力」をいうのが、「鎧袖一触」。「鎧」の音はガイ、「袖」はシュウ。

【矍鑠たる老人】

○かくしゃく

「矍」の音はカク、意は「きょろきょろ見る」。「鑠」は音がシャク、意が「かがやく」。で、「矍鑠」とは「老いてますます元気」の意。

【馘首の危機】

○かくしゅ

「馘首」に「くび」とルビを振る場合も多いが、正しい読みは「かくしゅ」。「馘」の意が「(首を)切る」で、音がカク。クビ切り、だ。

【仕事に託ける】

○かこつける

「託す」なら「たくす」で、「託ける」とあれば「かこつける」、すなわち「他のことを口実や言い訳にする」こと。「格好つける」ではない。

【搦手門】

○からめてもん

お城の門の、表門を「大手門」といい、裏門を「搦手門」という。どちらも訓読みにされる名詞で、「搦手」とは「裏手・背面」の意。

【寛恕の精神】

○かんじょ

「恕」の音はショ、慣用でジョで、ニョの読みはない。意は「ゆるす」。で、「寛恕」は「度量の広い、思いやりに満ちたゆるす心」の意。

【実力拮抗】

○きっこう

「拮」の音は主にキッ、意は「手と口と一緒に働かす」。「抗」はコウで「あらがう」意。で、「拮抗」は「対抗して互いに屈せぬ状態」。

【驥尾に付す】

○きび

「驥」とは「駿馬《しゅんめ》」のことで、音は、キ。その尻ッ尾が「驥尾」で、くっついたのが青蠅《あおばえ》。そうして千里を行ったとの故事。

【欄干の擬宝珠】

○ぎぼし

日本の伝統的な橋の欄干の頭部に冠せられているネギの花のかたちの珠が「擬宝珠」で、ギボウシュの約転でギボシとなったとか。

【恐懼再拝】

○きょうく

「恐懼再拝」の四字熟語で、目上の立派な人への手紙などの末尾にさりげなく添えられる言葉。意は「恐れ懼《かしこ》まります」。「懼」はク。

【戦国の梟雄】

○きょうゆう

「梟」は鳥の「ふくろう」で、音はキョウ。「梟首」ならキョウシュ「(さらし首」のこと)。意は「猛々《たけだけ》しい」。「梟雄」は「悪の英雄」。

【倨傲の一生】

○きょごう

「倨」の音はキョ、意は「おごり高ぶる」。一方「傲」は音がゴウ、意は「おごり高ぶる」。注意点は、「傲」との混同で、この音がホウ。

【興趣満載】

【怯懦な性格】

【謦咳に接する】

【慧眼の士】

【眼光炯々】

○きょうしゅ

この場合の「興」は「興味」や「興が乗る」のキョウで、「趣」は「趣味・趣向」のシュ。で、「興趣」の意は、要するに「面白味」。

○きょうだ

「怯」は、「卑怯」のキョウ、「懦」は漢字でジュだが、日本で主流なのは同じ漢音のダのほう。で、キョウダ。意は「臆病で意志薄弱」。

○けいがい

「尊敬する目上の人にお目にかかること」をいう。「謦」は、音がケイ、意は「軽いせきばらい」。「咳」はガイ、「重いせき」の意。

○けいがん

「慧」の音は漢音でケイ、呉音でエ。「慧眼」も仏教用語ではエガンだが、一般的用語ではケイガン。例文の意は「深い洞察力の人」。

○けいけい

「炯」の意は「あきらか・輝く」。音はケイ。「眼光炯々」は「眼

【齧歯類の動物】

【年月を閲する】

【叩頭陳謝する】

【棚を拵える】

光が鋭くキラキラと輝く様」の意。「炯眼」なら「鋭く見抜く眼」の意。

○げっしるい

「齧」の音はゲツ、慣用でケツで、キツはない。意は「かじる」。ネズミ、リス、モルモットなどが「齧歯類」。

○けみする

「資料を閲《けみ》する」とあれば「あらためる・閲覧する」の意になり、「年月を閲する」なら「経過する」の意になるのが「閲する」の表現。

○こうとう

「叩頭」とは「頭を叩く」ことではなく、自分が「頭を地面にこすりつけてお辞儀する」ことをいい「叩」の字自体にその意がある。

○こしらえる

「製作する・作り上げる」の意の「こしらえる」が、漢字表記では「拵える」。「拵」の音は、ソン。「しつらえる」なら「設える」

【話が拗れる】

【壺中の天】

【強面で迫る】

【責め苛む】

の表記に。

○こじれる

「拗」には「ねじれる・すねる・こじれる」の意があり、「拗ねる」なら「すねる」。音はヨウ。「ひねくれる」は「捻くれる」。

○こちゅう

「壺」は「つぼ」だが、音はコで、意は比喩として「狭小」ということ。「壺中の天」なら「楽しい別世界」また「きわめて狭小」の意。

○こわもて

「強」の伝統的読み方に「こわ」というのがあり、「強飯《こわめし》」「強《こわ》い髪」などと使う。意は「かたい・つよい」。「強面《こわもて》」は「こわおもて」の転。

○さいなむ

「苛」は音でカ、訓では「からい・こまかい・だるい・むごい・きつい……」等々で、「苛む・苛まれる」だと「さいなむ・さいなまれる」。

【左顧右眄】

〇さこうべん

「右顧左眄」と書いてもよい。「眄」の音はベン、意は「横目で流し見る」。で、「きょろきょろと優柔不断」の意。

【刺子の半纏《はんてん》】

〇さしこ

柔道着や剣道着、また昔の火消しの半纏などでおなじみの、綿布を重ね合わせて縫ったあの独特の縫い方の衣服。「さしっこ」とも。

【雑駁な内容】

〇ざっぱく

「駁」は「相手の説に反対攻撃する」の意で、音はバク。それがなぜパクになるのかといえば、「雑」が、ザッ、と促音になっての音転。

【過去の残滓】

〇ざんし

「滓」の意は「かす」、音は、旁が「宰」なのでサイと読みたいところだが、シ。で、ザンシ。ザンサイは慣用読で、厳密には誤読。

【桟俵法師】

【斯界の権威】

【顔を顰める】

【忸怩たる思い】

○さんだらぼっち

俵の両端に当てられるワラ製の円型のフタを「桟俵《さんだわら》」といい、どこか「法師」のかぶりものに似ているので「桟俵法師」。転訛の妙。

○しかい

「斯」の読みはコでもキでもなく、シ。「東京瓦斯《ガス》」のスの読みは当て字で、特例。意は「この・これ」で、「斯界」は「この世界」。

○しかめる

「顔を顰める」とあれば「しかめる」、「眉を顰める」なら「ひそめる・しかめる」のどちらでもよい。どちらでも「皺《しわ》を立てる」意。

○じくじ

「忸怩」とは「恥じ入る」ということ。けっしてジクジクとした恨みや憤懣をいうのではない。「忸」も「怩」も「恥じる」意。強調だ。

【諡号を贈る】

○しごう

「諡」とは「おくり名《な》」のことで、その「おくり名」の号が「諡号」。故人に贈られる号だ。徳川光圀なら「義公」のごとし。「諡」はシ。

【指呼の間】

○しこのかん

「指」をさして「呼」べば相手が答えられるほどの近い距離なので、「指呼の間」。読みで多少迷うのは「間」か。これも、音で、カン。

【王の獅子吼】

○ししく

「吼」は「ほえる」の意で、音は漢音でコウ、呉音でク。「獅子吼」の場合は、もと仏教用語で、クを採用し、シシク。「大熱弁」の意。

【耳朶に触れる】

○じだ

「朶」とは「(花のついた)枝」で、「耳朶」になると訓読みでは「みみたぶ」でよいが、こういう常套句では「じだ」。「耳に入る」の意。

【師の膝下】

【仕舞屋の二階】

【人権蹂躙】

【収斂不可能】

【馴育期間】

○しっか
「膝」の音は、シツ。「膝下」になると、シッカ。意は「お膝のもと」また「父母のもと」。「机下」同様、封書の脇付の語にも。

○しもたや
ありふれた町家のこと。それを「しもたや」と呼ぶのは、商家が商売を「やめた→仕舞《しも》うた→しもうたや」だからであるとか。

○じゅうりん
「躙」の音は、リン。訓は「ふみにじる」。一方の「蹂」の音も「ふみにじる」で、ダメ押し的強調の熟語。漢語では、よくある。

○しゅうれん
「斂」の音はケンではなく、レン。意は「集める・おさめる」(「取り立てる」の意で「苛斂誅求《かれんちゅうきゅう》」とも)。「収斂」は「一つに集める」意。

○じゅんいく
「訓」はクンだが、「馴」はジュン。「馴致」ならジュンチ。「馴育」

の意は「(馬などを) 馴らし育てること」。「新入社員を馴育」等。

【湖沼の浚渫】

○しゅんせつ

「渫」は「さらう」の意で、音はチョウではなく、セツ。一方「浚」も「さらう」の意で、「浚渫」は、「泥や土砂などをさらうこと」。

【上意下達】

○じょういかたつ

「上の人の意思や命令を下に徹底させること」で、「上下」の読みはジョウゲとジョウカ (ショウカ) だが、後者の読みを採ったもの。

【猖獗をきわめる】

○しょうけつ

「猖」も「獗」も「猛り狂う」の意で、例文は『猛く荒れ狂うピーク」の意。「遂に猖獗した」なら、「とうとう勢いがおさまった」の意。

【嫋々たる……】

○じょうじょう

意は「風のそよそよと吹く様」または「ながながと絶えぬ様」

【古典群を渉猟】

【垂涎に的】

【推戴の名誉】

【素破抜く】

で、「嫋々たる笛の音」などと使われる。

○しょうりょう

「渉」はショウ、「猟」はリョウで、素直にショウリョウ。意は「あちこち広い範囲を探し求める」または「多くの書物を読み漁る」。

○すいぜん

「よだれ」の意の「涎」の音は実はエン、センで、したがって「垂涎」はスイエン・スイセン、また音転のスイゼン、いずれでも可。

○すいたい

「裁」「栽」「載」「哉」、いずれも音はサイだが、「戴」はタイ。「戴冠式」は、タイカンシキになる。「推戴」は「推《お》し戴《いただ》くこと」の意。

○すっぱ

語源は、戦国時代の忍者の異称「素破（透波）」にある。読みは、「すっぱ」。それが「抜く」から、「だしぬけに暴く」の意。

【掣肘を加える】

【女衒の口車】

【宣下の文書】

【庭の前栽】

○せいちゅう

「掣」は「ひっぱる」の意で、音はセイ。「肘」は、「酎」「厨」「紂」などと同じ音で、チュウ。意は「肘《ひじ》を掣《ひ》く→自由にさせない」。

○ぜげん

「衒」の音はゲン、意は「てらう・ひけらかす」の他に「売る」というのもあり、「女衒」とは「女性を売るやから」。ジョ→ゼの転か。

○せんげ

「上下」ならジョウゲで、「下」はゲなのだが、「宣下」とあると、やや難読か。意は「天皇から下されること」。その文書《もんじょ》は「宣旨《せんじ》」。

○せんざい

「前」をセンと濁らず、「栽」をザイと濁るという、まことに厄介な熟語で、丸暗記する以外にない。意は「庭先に植えた花木や草花」。

【然諾を重んず】

【騒擾事件】

【双眸の光】

【草莽の臣】

○ぜんだく
「諾」の音はダク。「こたえる・聞き入れる」の意で、「然諾」は「よしと判断して承諾したこと」をいい、それを「重んずる」の意。

○そうじょう
「擾」は「乱す・混乱させる」の意で、音はジョウ。「擾乱」なら、ジョウラン。で、「騒擾」の意は、「社会の秩序を混乱させること」。

○そうぼう
「眸」とは「目・ひとみ」のことで、音は、ボウ。「明眸皓歯」とあれば、読みはメイボウコウシで、「きれいな眸《ひとみ》に皓《しろ》い歯」、美人の意。

○そうもう
「莽」の意は「草深い・荒々しく粗野」また「在野《ざいや》」の意で、音はモウ。「草莽の臣」とは、中央でない「在野の人・民間の士」。

【仄聞する】

○そくぶん

「仄」は「ほのかに・それとなく」の意で、「仄か」なら「ほのか」。音は、ソク。で、「仄聞」は「それとなく聞く・間接的に聞く」意。

【人を唆す】

○そそのかす

「犯罪教唆」の「唆」で、音はサ、意は「そそのかす」、すなわち「その気になるように誘い導く」。「嗾す」とも。「さらす」は「曝す」。

【箍がゆるむ】

○たが

桶の、円形を保つために締めつけているあの竹や金属製の輪が、「箍」。これが「ゆるむ」とは「ピシッとしない・老いぼれる」の意。

【蛇蝎のごとく嫌う】

○だかつ

「蛇蝎」とは「ヘビとサソリ」のこと。その「蛇」の音が、この場合はダ（「蛇足」等）、「蝎」はカツで、例文の意は「とことん嫌う」。

【踏鞴を踏む】

【公園に屯する】

【端倪すべからざる】

【笞刑に処す】

○たたら

鍛冶屋が、火に空気を送り込む「鞴《ふいご》」の、足踏み式の大型のそれを「踏鞴」という。が、なにせ空気相手なので、から足。で、「的外れ」。

○たむろ

「屯所」とは「人がたむろする所」の意で、では「たむろ」の意はといえば「人が群れ集まる」こと。その漢字表記が、「屯」。

○たんげい

「睨」「猊」と同様、「倪」の音もゲイ、意は「水の涯《はて》・みぎわ」。一方「端」はここでは「山頂」の意で、例文は「測り知れない」の意。

○ちけい

「笞刑」とは「むち打ちの刑」のことだが、「笞」の音はダイでもタイでもなく、チ。よく似た字でタイの音の字は「苔《こけ》」。

泣き方でこんなに字が違う

咽び泣く	むせび泣く	むせ返って泣く
嗚咽	おえつ	むせび泣くこと
啜り泣く	すすり泣く	すすり上げて泣く
噦り上げる	しゃくりあげる	息を急に吸い込むようにして泣く
憤る	むずかる	子どもが機嫌を悪くしてだだをこねて泣く
貰い泣き	もらいなき	他人が悲しむのに同情して泣く

感泣 かんきゅう 感動感謝して泣く

慟哭 どうこく 声を上げて嘆き泣くこと

声涙倶に下る せいるい ともにくだる 激しく話しながら涙を流す

話しぶりを表すこんな言葉

物言い	ものいい	ものの言い方
口頭	こうとう	口頭で伝える、口を使って述べる
口吻	こうふん	気持ちを含めた話しぶり
口跡	こうせき	言葉使い。特に歌舞伎役者のせりふの言い方
舌鋒	ぜっぽう	鋭い弁舌
口気	こうき	彼の口気から察する、ものの言い方

大仰	おうぎょう	わざとらしく大げさなさま
実しやか	まことしやか	いかにも本当らしいさま
口煩い	くちうるさい	わずかなこともすごくとがめだてする
口喧しい	くちやかましい	あれこれと細かいこともうるさく言う
諄諄しい	くどくどしい	いやになるほどうるさくくどい
縷縷	るる	縷縷説明する。こと細かに説明する
懇懇	こんこん	懇懇と諭す。丁寧に繰り返し説く

直截	ちょくせつ	直截簡明な表現。回りくどくないさま、ずばりと表現する
訥訥	とつとつ	詰まり詰まり話すさま
口舌	くぜつ	――が達者。弁口、おしゃべり
口遊む	くちずさむ	何となく口になる
口の端	くちのは	――にのぼる。うわさの意
口伝	くでん	――の秘術。文書に記さずに口伝えで受け継いでいくこと

もう一ランク上のむずかしい漢字の読み
最後まで頑張って下さい

【知悉の案件】

○ちしつ

「悉」の音はシツで、「悉く」とあれば「ことごとく」と読む。知りつくすこと。あの釈迦出家前の名「悉達《しったる》多《た》」の「悉」だ。熟語ではこの「知悉」ぐらい。

【人口稠密】

○ちゅうみつ

「稠」の音は、チョウでもシュウでもなく、チュウ。意は「多い・密生している」。で、「稠密」は、「多くが集まって混んでいる」意。

【重畳たる山塊】

○ちょうじょう

「重複」の読みはジュウフク、チョウフク、どちらでも可だが、この「重畳」は、チョウジョウのみ正読。意は「幾重にも重なる様」。

【事の序に】

【口を噤む】

【恙無く終了】

【夙に有名な】

○ついで

「序」は「順序」の「序」で、その意が「次ぐ・次いで」であるところから、日本で勝手に「その折・その機会」の意を与えたものとか。

○つぐむ

「噤」は「口」を「禁ずる」という漢字なので、意は「（意志的に）黙る」こととわかるだろう。言いたいけど言いません、の状態。

○つつがなく

「恙」の音はヨウ、意は「うれい・やまい」で、訓では「つつが」。あの「恙虫」の「恙」だ。「恙無く」は「何事もなく無事に」の意。

○つとに

「夙」の音はシュク、意は「早くから」また「以前から」、訓は「つと」。で、「夙に」は「以前から・とうの昔から」の意で「つとに」。

【悉に点検する】

【詳かにする】

【病巣を剔決】

【恬淡と待つ】

○つぶさに

「悉く」とあれば「ことごとく」と読むのが正しいが、「悉に」なら「つぶさに」で、意は「十分に・もれなく」。「具に」「備に」とも。

○つまびらか

「くわしく明確な」また「細かい点まで明らかな」ことを「つまびらか」といい、漢字表記は「詳か」または「審か」。「祥」とは別。

○てっけつ

「剔」は、鋭い刃物などで「そぐ」意で、音はテツ。「剔出」ならテキシュツ。一方「抉」は「えぐる」の意で、音はケツ。「爬《は》羅《ら》剔抉」。

○てんたん

「恬」の音はカツでもゼツでもなく、テン。意は「安らか・のんびり」。で、「恬淡」は「物事にこだわらず無欲で心静かなこと」の意。

【天稟の素質】

【本年掉尾】

【刀の研師】

【塒を巻く】

○てんびん

「稟議」をリンギと読ませるが、これは実は慣用で、「稟」の音はヒン。で、「天稟」はテンピン、意は「天から授かった才能・性質」。

○とうび、ちょうび

「本年掉尾を飾る傑作」などと使われる言葉で、原義は魚が死ぬ際にプルッと「尾を掉《ふ》る」こと。正しくはチョウビ、慣用でトウビ。

○とぎし

宝石などの「研磨師」なら、素直に音読みで、ケンマシ。対して「研師」は、訓読みで「とぎし」。「研」は「研ぐ」で「とぐ」と読む。

○とぐろ

「塒」の意は「ねぐら」である。つまりは「鳥の巣」で、その様が蛇が身を渦状に丸めた姿に似ているところから「とぐろ」にも。

【突兀たる岩山】

【等閑にする】

【長押と鴨居】

【気持ちを宥める】

○とっこつ

「兀」は「高くそびえる・高く平ら」の意の漢字で、音はゴツ。「突兀」のトッコツの読みは音転よりも慣用。

○なおざり

「等閑にする」とあれば「等閑」の読みは「なおざり」で、「真剣でない・いい加減」の意、「等閑に付す」ならトウカンで「放っておく」意。

○なげし

住宅用語。柱から柱へと横に渡してつなぐ材木が「長押」で、鴨居の上なら「長押」また「上《かみ》長押」、敷居の下なら「下《しも》長押」と呼ぶ。

○なだめる

「宥」の音はユウ、意は「なだめる・ゆるす」で、「宥恕」の熟語なら読みはユウジョ、意は「大目に見る」。音よりも訓が難読の漢字。

【鮸膠もない返事】

【佞言をよくする】

【除者の悲哀】

【野点の好日】

○にべ

音を考えてもはじまらない。あの「にべ」で、意は「親密さ・愛想」。「鮸《にべ》」という魚の腸の粘膜を利用した「膠《にかわ》」が原義。

○ねいげん

「佞言」は俗字で「侫」とも書き、音は、漢音でデイ、呉音でニョウだが、主流なのは慣用音のネイ。意は「口先が巧み・おもねる」等。

○のけもの

訓読みにするのがポイントで、「除ける」とあれば「のける」（「よける」なら「避ける」）。で、「のけもの」。意は「仲間はずれ」。

○のだて

「野外で抹茶を点《た》てること」で、「野」も「点」も訓読みにし、「のだて」。因みに、単に茶を点てるのは「点茶」で、音読みでテンチャ。

【退引ならない】

【長閑な午後】

【瞠と睨む】

【僻目まじり】

○のっぴき

もとは「退き引き」で、読みは「のきひき」。それが音便化して、「のっぴき」となったもの。つまりは「どうしようもない」苦境。

○のどか

「長＝ながい・ゆったり」「閑＝しずか」だから、「長閑」でたしかに「のどか」だろうが、典型的な当て字。暗記するよりない。

○はた、はった

「はたと（はったと）睨みつける」の「はた」「はった」の漢字表記が「瞠」。音はトウ、意は「底」なのだが、日本では「鋭く不動」の意。

○ひがめ

「僻」は「かたよる・ひねくれる」の意で、音はヘキ。それを訓で読むと「ひが」となり、「僻事」「僻心」「僻耳」「僻者」などの熟語も。

【美姫に美酒】

【顰に倣う】

【畢竟、彼は……】

【噂が瀰漫する】

○びき

「姫は「ひめ」だが、これは訓読みで、音では、シンならぬ、キ。で、「美姫」はビキとなる。意は、「美しき姫」また「美しき女性」。

○ひそみ

「西施の顰に倣う」（中国の美人「西施」が病んだ時、そのしかめた顔が美しいと、女たちがまねた）でおなじみの表現で、例文全体の意は「（愚かにも）真似をする」。自分が使えば謙遜、他人にならば侮辱。

○ひっきよう

「畢」は「終わる・尽きる」の意の漢字で、音はヒツ。熟語に使われると、ヒッ、と撥音便になる。「畢竟」は「つまるところ」。

○びまん

「瀰（弥）」の音は、仏教用語では呉音のミ（「弥陀」「弥勒」等）で、一般には漢音のビ。「瀰」もヒ、「瀰漫」は「広がりはびこる」意。

【帙を繙く】

【顰蹙を買う】

【要点を敷衍】

【不束な娘】

○ひもとく

「帙」の読みは「ちつ」で、書物を覆う布、転じて「書物」の意。「繙」は音がハン、ホン等で、意は「ひもとく」すなわち「紐解く」。

○ひんしゅく

「顰」の音はヒン、意は「(顔を)しかめる」。「蹙」の音はシュク、意は「(足を)ちぢこめる」で、読んで字のごとしのヒンシュクの意。

○ふえん

「敷」は訓で「しく」、音でフ。一方「衍」は「広くひろげる」の意で、音はエン。「敷衍」は、「広くおしひろげて説明すること」。

○ふつつか

そのまま音読みすればフソク、訓読みで「ふつか」だが、ツがもう一つ入り「ふつつか」となるのがこの熟語。まず、特例か。

【筆を擱く】

○ふでをおく

単に机の上などに「筆を置く」のではなく、「書き終える・書くのをやめる」の意の「おく」の場合の漢字表記は「擱く」。「擱筆《かくひつ》」。

【無聊を慰める】

○ぶりょう

「聊」の音はリョウで、意は「いささか」または「楽しむ・安んずる」。それが「無」なのだから、「何も楽しみなし・退屈」の意。

【篩にかける】

○ふるい

粉などを揺すって大小の粒に選別するあの「ふるい」が、漢字では「篩」。「振るう」が転じた表現。「むしろ」の漢字表記は、「莚」。

【香気芬々】

○ふんぷん

「芬」の意は「よい香り・香気」、音はフンで、「芬々」だと後半がプンに音転し、フンプン。因みに、「諸説フンプン」なら、「紛々」。

【天下を睥睨する】

○へいげい

「睥」の音はヒではなくヘイで、「横目・流し目」の意。一方「睨」は「にらむ」で、音はゲイ。「睥睨」は「威圧的に睨み回す」の意。

【辟易させられる】

○へきえき

「易」は「たやすい」の意の場合は「平易」「容易」「簡易」など読み方は、イ。「入れかわる」の意の場合は「貿易」「交易」など、エキ。

【偏頗な解説】

○へんぱ

「頗」の音はヒではなく、ここでは「偏頗」と、「偏」の音がヘンなので、音転してパになったもの。意は「偏ること・不公平」。

【這々の体】

○ほうほう

「這」は、音がシャ、ゲンで、訓が「はう（這う）」。その「はう」（「はふ」）が転訛して「ほう」になり、「ほうほう」になったとか。

【古書の補綴】

【無辜の民】

【宜なるかな】

【眩暈症状】

○ほてい、ほてつ

「綴り方」とあれば「つづりかた」で、「作文」の意。その「綴」の音がテイまたはテツ。「補綴」の熟語で「破損部分を補い綴ること」の意。

○むこ

「辜」の音は、シンではなく、コ。意は「罪」。で、「無辜」はムコ、意は「罪のない」となり、「無辜の民」すなわち「罪なき人々」の意。

○むべ

「宜」は「宣」（音はセン）とはまったく別の字で、音はギ。訓では「むべ」また「うべ」で、意は「もっともである・よろしい」。

○めまい、げんうん

「暈」の音はグンではなく、ウン。あの「月の暈《かさ》」の「かさ」の意で、「乳暈」ならニュウウン。「眩」は「くらむ」の意。で、「眩暈《めまい》」。

【蛻の殻】

○もぬけのから

「脱皮したあとの殻」を「蛻」といい、特定の虫の名前を指す漢字ではない。したがって「蛻の殻」は強調表現で、意は「からっぽ」。

【吝かでない】

○やぶさか

「……するに吝かでない」とは要するに「……するに関してケチなことはいわない」ということ。「吝」は、音がリンで、意は「けち」。

【雄渾な流れ】

○ゆうこん

「渾」の音はグンでもキでもなく、コン。「渾身の一撃」「渾然一体」の「渾＝コン」だ。意は「まじる」または「大きい」。「雄渾」は後者。

【他人の話に容喙する】

○ようかい

俗にいう「横からクチバシをはさむこと」で、「喙」とは「くちばし」のこと。音は、カイ。「容喙」はズバリ、「喙《くちばし》を容《い》れる」こと。

【頼朝の流離譚】

【派閥の領袖】

【早生と晩生】

○りゅうりたん

「流」の字が熟語に使われると、ルの音が主流になるが、ここは素直にリュウで、「流離譚」もリュウリタン。「譚」はタン、「話」の意。

○りょうしゅう

「袖」を「そで」と読むのは訓読みで、音はシュウ。一方「領」はここでは「襟」のこと。ともに目立つところから、「領袖＝親分」。

○わせ

「早生」は「わせ」、「晩生」は「おくて」で、『早晩』の対語から生まれた言葉。植物全般や人間に使われ、稲に限れば「早稲と晩稲」。

悩んだり、怒ったり、ねたんだり、複雑な人の気持ちを伝える漢字

驕る　おごる
得意になって高ぶる

憚る　はばかる
周囲に差し障るほど勝手に振る舞う

忌む　いむ
恐れ慎み避ける

慎む　つつしむ
恭しくかしこまる

畏まる　かしこまる
おそれ慎む、畏敬

睨む　にらむ
悪事をしないかどうか目を光らせる、見当をつける

嗜む	たしなむ	節度をもってそれに親しむ
厭う	いとう	嫌がる、嫌う
凄む	すごむ	おどかすような態度をとる
脅かす	おびやかす	武力・実力を誇示して恐れさせる
賺す	すかす	機嫌を取って慰める
宥める	なだめる	怒りを和らげ鎮める
労る	いたわる	同情し親切に扱う

慈しむ	いつくしむ	哀れむ、情けをかける
羨む	うらやむ	人が恵まれているのを見て、自分もそうなりたいと思う。羨望
妬く	やく	うらやんで憎む
妬む	ねたむ	人の優れている点などを見て憎む
嫉む	そねむ	優れているのをうらやみ憎む
恨む	うらむ	相手をひどいと思い、いつまでも不満を持ち続ける

背く そむく
そっぽを向く

避ける さける
嫌って近寄らないようにする

隔てる へだてる
打ち解けない、遠ざける

疎む そねむ
嫌って親しみを持たない

逸らす そらす
気持ちが離れるようにする

退ける しりぞける
排斥する

蟠る わだかまる
しこりとなって打ち解けない気持ちがある

遇う　あしらう
いいかげんに待遇する

苛める　いじめる
弱者をいためつける

虐げる　しいたげる
むごい取り扱いをする

苛む　さいなむ
苦しめ悩ます

倦ねる　あぐねる
思い倦《あぐ》む、攻め倦《あぐ》む、いやになるほど困る

謗る　そしる
他人のことを悪く言う、非難する、けなす

喘ぐ　あえぐ
息もつけず苦しむ、生活苦に喘ぐ

煩う　わずらう
どうかと苦しむ

愁える　うれえる
心を痛め嘆き悲しむ

焦る　あせる
せいて気をもむ

逸る　はやる
まだその時期でもないのにいら立ちあせる

荒む　すさむ
とげとげしくなる

尖る　とがる
鋭く過敏に反応する

踠く	もがく	じたばたする
怯える	おびえる	こわがってびくびくする
怯む	ひるむ	こわくておじけづく
怖じる	おじる	こわがってびくびくする
憤る	いきどおる	恨み怒る、怒りがわき上がる
呆れる	あきれる	意外なことに驚いて途方に暮れる、あっけにとられる
如何わしい	いかがわしい	疑惑が持たれる

訝しい	いぶかしい	どうしても合点がいかない
辱ない	かたじけない	好意がありがたい、感謝にたえない
畏れ多い	おそれおおい	ありがたすぎてかしこまる
畏くも	かしこくも	おそれ多くも
顰める	ゆがめる	しかめる

4章

四字熟語は人生の「真実」を教えてくれる

頑張るために覚えておきたい四字熟語

一念発起　いちねんほっき

あることを成し遂げようと決意したり、今までの行いを悔い改め出直すことを固く決意するという意味。「悪い習慣を断つために一念発起した」などと用いる。

隠忍自重　いんにんじちょう

ひたすら耐え忍んで、軽率な態度を慎むこと。「野球部は、今回の不祥事で当分の間隠忍自重だ」などと使う。

快刀乱麻　かいとうらんま

快刀は切れ味鋭い刀のことで、乱麻はもつれた麻のこと。文字通り、もつれた麻を刀で裁ち切るように、複雑にこじれた物事を見事に処理すること。

臥薪嘗胆　がしんしょうたん

中国の故事のひとつ。敵を倒すために薪《まき》の上で寝たり、苦い胆をなめたりして復讐心をかきたてること。転じて、目的を達成するために自らに試練を与えること。

気炎万丈　**きえんばんじょう**

「気炎」は意気が盛んなこと。「万丈」非常に高く燃え上がる意。あわせて、おおいに気炎を上げて、非常に意気が盛んなことを意味する語。

喧喧囂囂　**けんけんごうごう**

いろいろな意見が飛び出して、やかましく騒々しいこと。わいわいがやがやと騒がしい様子。「侃侃諤諤」と間違いやすいが、こちらはいい意味で使われる。

捲土重来　**けんどちょうらい**

「捲土」とは疾風が土煙を巻き上げるほどの勢いが盛んであるという意味。一度失敗した者が、再び勢いを盛り返して挽回してくること。「けんどじゅうらい」とも読む。

斬新奇抜　**ざんしんきばつ**

内容が際立って新しく、ごく一般の人では思いつきそうもないこと。人並みでなく思いもよらないことの意。「彼女は斬新奇抜なアイデアで皆を驚かせた」などという。

実践躬行　**じっせんきゅうこう**

口先だけ立派なことを言うのではなく、実際にやってみることが大切だということ。理論だけでなく自分自身で進んで行動を起こすことが大事。

信賞必罰　しんしょうひつばつ

功を立てた者には必ず褒美を与え、罪を犯した者には必ず罰を与えるということ。物事の善悪をはっきりさせ、賞罰を厳格に行うということ。

切磋琢磨　せっさたくま

人が学問や技芸、人格などを磨き上げることをこういう。友人や同僚がお互いに励まし合い、また競いあっていくことで、向上していく意。

前途洋洋　ぜんとようよう

これから先に明るい希望が持て、将来が非常に楽しみなこと。「前途有望」も同様の意味で用いる。共に、先行きに関して明るい希望が持てる場合に使われる語。

率先垂範　そっせんすいはん

「率先」は他に先立って行うこと。「垂範」はみんなに手本を示す意味。文字通りの解釈で、自分が進んでみんなに手本を示すこと。

泰然自若　たいぜんじじゃく

「泰然」は安らかなことで、「自若」は落ち着いていて慌てないこと。ふたつ合わせて、ゆったりと落ち着いていて物事に動じない様子。

猪突猛進　ちょとつもうしん

猪のように後退を知らずただ真っすぐ激しい勢いで突進すること。後先のことを考えずに、ただまっしぐらに目標に向けて突っ走ること。

適材適所　てきざいてきしょ

適した人材を適する場所へ。その人の才能や性格を考え、本当に適する地位や仕事を与えるという意味。「適才適所」と書くのは間違い。

天衣無縫　てんいむほう

天女の衣服には縫い目がないということがもともとの意味。転じて、文章や詩歌が自然な出来栄えで、しかも完璧に美しいということをたとえる。

徒手空拳　としゅくうけん

資本も地位も何ひとつ頼るものがなく、まさに裸一貫で事に望むときの状況を表している。すなわち、手に武器を持たずに、自分の力のみを頼りにすること。

南船北馬　なんせんほくば

昔の中国は南部には水源が多いため船を、北部は平原が広がっているため、馬をそれぞれ旅の手段とした。転じて、絶えず忙しく旅して歩くこと。

博学多才　はくがくたさい

広くいろいろな学問に通じていて、才能が豊かなこと。知識が豊富で、多くの領域にわたって才能を備えている意。「博学」とは、もともと孔子を讃えた語。

百花繚乱　ひゃっかりょうらん

いろいろな花が色とりどりに美しく咲き乱れること。また、美女が美しさを競うさまを表現して使う。それらが転じて、優れた人物や業績が一度に多く現れること。

不偏不党　ふへんふとう

「党」は仲間を作ることで、「偏」は偏ること。どちらか一方に偏らずに、公平、中立の立場に立つこと。どの党や主義にも加わらない中立の立場。

無病息災　むびょうそくさい

訓読みすると、「病無く災い息(ヤ)む」となる。「息災」は無事で達者なこと。すなわち、健康で大過なく無事なことを表した語。元気でいること。

優勝劣敗　ゆうしょうれっぱい

実力が優っているものが生き残り、実力が劣るものは廃れて滅びるということ。すなわち強者が栄え、弱者は衰え滅びること。自然淘汰と同義で使われる。

臨機応変　りんきおうへん

訓読すると「機に臨み変に応ず」。すなわち、その時その場所の状況変化に応じて適切な処置をほどこすこと。また、相手によってそれ相応の対応をすること。

論功行賞　ろんこうこうしょう

「功を論じて賞を行う」。功績の大小や内容などをよく話し合って評価し、それにふさわしい賞などを与えること。いわゆるご褒美のこと。

人間というものを教えてくれる四字熟語

阿諛追従　あゆついしょう

相手に気に入られようとして、こびること。

「校長に心にもない阿諛追従を繰り返す」などと使う。

右顧左眄　うこさべん

右を見たり左を見たりで、考えがはっきりせずに迷っていること。人の思惑など、まわりのことばかり気にして、決断をためらうこと。

得手勝手　えてかって

得手は得意なこと。勝手はわがままなことをいう。このふたつの語が合わさると、他人のことは一切構わずに自分に都合の良いことばかり行うという意味になる。

円転滑脱　えんてんかつだつ

「円転」は転がることで自由自在な様子。「滑脱」はよどみなく自由に変化するさま。転じて、人と争わずにうまくことを運ぶこと。かどが立たないこと。

頑迷固陋　がんめいころう

かたくなで道理がわからず見方が狭いこと。「頑迷固陋なその老人は、皆に嫌われていた」などと使う。

侃侃諤諤　かんかんがくがく

正しい意見を遠慮することなく、正々堂々と直言し、盛んに議論する様子。似たような語で、「喧喧囂囂（ケンケンゴウゴウ）」があるが意味が違うのでご注意を。

君子豹変　くんしひょうへん

もともとは、君子は過ちをすぐに改めて向上するものだという良い意味。悪い意味では、ころころと無節操に態度を変えて要領よく立ち回ることを非難していう。

軽佻浮薄　けいちょうふはく

「軽佻」は考えがしっかりしていなくて、浮ついていること。「浮薄」は浅はかで薄っぺらなこと。ふたつ合わせて、言動が軽はずみでしっかりしていないこと。

権謀術数　けんぼうじゅつすう

人をあざむくはかりごと・策略。

傲岸不遜　ごうがんふそん

おごりたかぶっていて、へりくだらないこと。横柄な態度で、おごりたかぶり威張っていて、人を見下すような態度を取り謙虚でないこと。

巧言令色　こうげんれいしょく

口先だけのうまい言葉が「巧言」。顔の表情を良くするのが「令色」。言葉を飾り顔色をやわらげて人を喜ばせ、こびへつらうこと。

国士無双　こくしむそう

「国士」は国を背負って立つべき大人物のこと。「無双」は他に並ぶものがないということ。このことから、国中で他に比べる者のないような大人物のこと。

酔生夢死　**すいせいむし**

ぶらぶらして有意義なことは何もしないで無駄に一生を過ごすことのたとえ。酒に酔い、一生を夢を見て過ごすこと。古くは、「すいせいぼうし」ともいった。

大義名分　**たいぎめいぶん**

「大義」は人として守り行わなければならない道。「名分」は身分によって守らなければならない道徳上の立場。人として守るべき筋道と本分のこと。

跳梁跋扈　**ちょうりょうばっこ**

「跳梁」は自由に踊り回ることで「跋扈」はわがままに振る舞うこと。悪人が善良な市民を踏みにじって、思いのままに振る舞うこと。

手前味噌　**てまえみそ**

自分自身がやったことについて自分でほめて自慢すること。なぜ味噌かというと、昔は各家庭で独自の味噌を自慢し合ったということが由来。

手練手管　**てれんてくだ**

「手練」も「手管」もどちらとも人をまるめこんだり、だましたりする手段、腕前のこと。ふたつの語がくっついて、手を変え品を変えて巧妙に人をだます意。

同工異曲　**どうこういきょく**
作り方や手ざわりが同じで、見かけが違うということ。また、見かけは異なるようだがその中身に関しては、大差がなくほぼ同様だということ。

同床異夢　**どうしょういむ**
同じ寝床に寝ていながらも、見る夢はそれぞれ違うということ。転じて、同じ立場の同志であり仲間にもかかわらず、それぞれ思惑が違い目的が異なること。

得意満面　**とくいまんめん**
誇らしげな様子が表情に表れていること。「意を得たること面（オモテ）に満つ」と訓読する。何事かを成し遂げ、いかにも誇らしげな自慢顔のこと。

内柔外剛　**ないじゅうがいごう**
内心は内気で弱々しいのに、外見は強そうに見えること。外に表れた態度だけでは強そうだが、本当は気が弱く小心者のことを説明した語。

難攻不落　**なんこうふらく**
お城や要塞の守りが非常に強固で攻撃しにくく、容易には攻め落とせないという意。城や要塞、砦だけでなく、人に対しても用いる語。

馬耳東風　**ばじとうふう**

心地よい春風が吹いても、馬は何も感じない。馬の耳は春風の良さを感じずに素通りさせてしまうということ。転じて、人の意見や忠告を聞き流してしまう、という意。

八面六臂　**はちめんろっぴ**

ひとつの体に、八つの顔と六つのひじがあるということ。一人で何人もの働きをするという意味。また、多くの方面で大活躍をするという意味でも用いられる。

罵詈雑言　**ばりぞうごん**

口をきわめて罵《のの》り、悪口を浴びせかけること。

「彼は罵詈雑言も気にせず、演説を続けた」などと使う。

眉目秀麗　**びもくしゅうれい**

「眉目」はまゆと目のことで、ここでは顔や容貌のことを説明している。男子についての褒め言葉として用いられ、顔かたちが美しく整っている様子を表している。

不倶戴天　**ふぐたいてん**

「倶に天を戴かず」と訓読する。相手も自分も、ともにこの世には生存できないという意味。共に同じ天の下に生きていけない程、相手を恨んでいること。

平身低頭　へいしんていとう

「身を平らにして、頭を低くする」ということからも想像できるとおり、人に対してただひたすら態度を低くするさま。平伏しておそれいる様子のこと。

傍若無人　ぼうじゃくぶじん

訓読すれば「傍(カタワラ)に人無きが若し」となる。すなわち、まるでそばに誰も人がいないように、わがままに自分勝手な振る舞いをすること。

夜郎自大　やろうじだい

自分の力量をわきまえずに、得意になっているさま。実力や知識がないくせに、そのことに気付かないで、得意となり大威張りしていること。

羊質虎皮　ようしつこひ

羊が虎の皮をかぶっているが、草を見れば喜び、山犬を見かけて怯える。外見は強そうだが、中身は変わらないこと。転じて、外見は立派だが中身が伴わないこと。

生きるということが学べる四字熟語

岡目八目　おかめはちもく

他人の囲碁を横で見物していると、対局者よりも何手も先が読めるという意味。転じて、傍観者のほうが当事者よりも物事の真相がよくわかること。

温故知新　おんこちしん

「故(フル)きを温(タズ)ねて新しきを知る」論語の中の有名な言葉です。古いことを調べ尋ねて、その中から新しい知識を得るということ。

乳母日傘　おんばひがさ

いつも乳母につきそわれ、外出する時は日傘をさしてもらうというような恵まれた環境のことを表す語。子供を甘やかしがちな親に対する警告として使われる。

偕老同穴　かいろうどうけつ

夫婦が一緒に老いて、同じ墓に葬られることを意味する語。夫婦が仲睦まじく、死ぬまで幸せな結婚生活をおくること。また、死後も夫婦の絆が強固なこと。

危機一髪　**ききいっぱつ**

髪の毛一本ほどのわずかな差で、非常に危険な状況に立たされそうな瀬戸際のこと。この時点では危険な場面に陥っておらずギリギリの状況を表している。

気息奄奄　**きそくえんえん**

「奄奄」は息がたえだえの様子。物事が大変に苦しい状態で、息がたえだえになっているという意味。また、今にも絶滅しそうな様子のたとえとしても使われる。

行住坐臥　**ぎょうじゅうざが**

行くと止まり、座ると横になるという、日常の立ち振る舞い。「行住坐臥、彼女のことが頭から離れない」などと使う。

他力本願　**たりきほんがん**

自分で努力をせずに他人の力をあてにすること。「他力本願ではなく、自分自身の力でやり遂げなさい」というように使用される語。「自力更生」が反対の意味で用いられる。

朝三暮四　**ちょうさんぼし**

目先の違いに固執するあまり、結果は何も変わらないのにそれに気付かない、あさはかな知恵しか持っていないこと。言葉の上だけでうまく人をあざむくこと。

朝令暮改　ちょうれいぼかい

朝に下した命令が、夕方にはもう変更されていること。制度や法令、方針などがめまぐるしく変わっていっこうに定まらないことを意味する。

風流韻事　ふうりゅういんじ

「韻事」とは、風流な遊び、詩歌や文章を作ること。俗世間を離れて自然と戯れ、詩歌や書画、華道や茶道などの風流な遊びを楽しむこと。

変幻自在　へんげんじざい

自分の思いのままに姿を消したり現れたりして、意のままに行動すること。すばやくいろいろと変化することも意味する。

暴虎馮河　ぼうこひょうが

武器を持たずに素手で虎を仕留めようとしたり、大河を歩いて渡ろうとするような向こう見ずな振る舞いのこと。後先のことを考えないで、血気にまかせた無謀な行動。

満身創痍　まんしんそうい

肉体的にも精神的にもひどくまいっている状態を表す語。「ケガ人が続出して、チームは満身創痍の状況だ」などと用いられる。とにかくボロボロの状況だ。

明鏡止水　めいきょうしすい

「明鏡」は一点の曇りもない鏡のことで、「止水」は水が澄んでいてとまっていること。よこしまな心がなくて、澄みきって静かな心境を表す語。

明窓浄机　めいそうじょうき

清潔できちんと整頓された書斎のこと。「家の新築を機に、明窓浄机を手に入れた」などと使う。

物見遊山　ものみゆさん

特に目標を持たずに、あちこちに遊びに行くこと。「物見」は見物することで、「遊山」は山野で遊ぶこと。気の向くままに、ぶらぶらと遊びに出掛けること。

悠悠自適　ゆうゆうじてき

俗世間を離れてのんびりと過ごす意。「私の伯父は、定年後、都会の喧噪から離れて田舎で悠悠自適の生活をしている」などと用いられる語。

離合集散　りごうしゅうさん

文字通り、人が別れたり一緒になったりまた、集まったり離れたりすることを意味する語。人生の節目節目のさまざまな出会いと別れなどもたとえられる。

仏教の教えで安心を得る四字熟語

安心立命　**あんしんりつめい**

安心は、信仰により心を一カ所にとどめて動じないという意味の仏教語。いかなる場合においても心を安らかにして身を天命にまかせ、動じない境地。

相即不離　**そうそくふり**

お互い関係し合っていて、切り離すことができないこと。もともと仏教用語で、万物は縁によって成り立っていて相互に影響し合い、本質は一緒という意味。

一蓮托生　**いちれんたくしょう**

元来、仏教語で同じ蓮華の上に生まれ変わり、一緒に暮らすという意味。このことから、結果に関係なく行動、運命を共にすること。

因果応報　**いんがおうほう**

行いに応じてその報いがあるという意味。良い行いをする人には良い報いが、悪い人には悪い報いがあるの意。いい思いをするかしないかは、その人の行いしだい！

会者定離　**えしゃじょうり**
会うは別れの始まり。出会った人とは必ず別れる運命にあるという、世の中の無常を説いた仏教語。同じ仏教語で、愛する人と別れる苦しみの「愛別離苦」がある。

厭離穢土　**えんりえど**
浄土宗の教え。この世は汚れた土地であるからこの世を離れ、阿弥陀如来のいる浄土に生まれいくこと。煩悩の多い汚れたこの世を嫌い離れること。

色即是空　**しきそくぜくう**
万物のそれぞれの形を整えているが全て現象であり、未来永劫の不変の実体などなく、その本質は空であるということ。仏教では「色即是空　空即是色」として使われる。

未来永劫　**みらいえいごう**
仏教に由来する語。今後、いつまでも永久に続くこと。未来永久に渡ること、これから先の長い年月を指す。永遠。永久、無限に永い年月のこと。

人生いろいろ・考え方いろいろ

主客転倒　しゅかくてんとう

「主客」とは主人と客、主体と客体のことを表す。すなわち、本来の立場が逆転してしまうこと。立場の他、軽重や順序などが逆転した時にも用いる。

寸進尺退　すんしんしゃくたい

骨折り損のくたびれ儲けのこと。一寸進んでは、一尺後戻りすることで、わずかに進んで大きく退くこと。転じて、得るものは少なく、失うものが多いことのたとえ。

晴耕雨読　せいこううどく

文字通り、晴れた日には田畑を耕し、雨が降れば家の中で読書をするということ。俗世間から離れた、理想的な老後の生活として使われる。

二束三文　にそくさんもん

草履を二束などと大量に売ったが、自分が期待していたよりも安価な値段でしか売れなかったということ。「文学全集を売ったけど二束三文だった」というように使う。

日常茶飯　**にちじょうさはん**

「茶飯」はありふれたことという意味。これが四字熟語になると、毎日、毎回の食事のことを指す。転じて、ごくありふれた日常の事柄のこと。

二律背反　**にりつはいはん**

哲学用語。同じ程度に正しいと思われるふたつの原理または命題が、相互に矛盾、対立し合って両立しないこと。お互いに矛盾する命題が同等に主張されること。

百家争鳴　**ひゃっかそうめい**

「百家」とは多くの学者という意味。いろいろな立場の学者や思想家が、自分独自の意見や学説を自由に発表し議論し合っている様子を表した語。

曖昧模糊　**あいまいもこ**

曖昧も模糊もどちらもぼんやりとはっきりしないこと。物事の内容があやふやではっきせず、ぼんやりとしてよくわからないさま。

和魂漢才　**わこんかんさい**

日本固有の精神を持ちながら、中国から伝わった文化、学問を学ぶということ。日本固有の精神を失わないで、中国文化を日本向けに消化すること。

和洋折衷　わようせっちゅう

西洋風の様式、生活習慣など、自分が気に入ったものはどんどん取り入れること。日本風と西洋風のいいところだけを採用し、うまく調和させること。

話す時、書く時にちょっと使える四字熟語

雲散霧消　うんさんむしょう

雲が散り霧が消えてしまうように、物事が跡形もなく一度に消え失せるという意味で使う四字熟語。会話よりも、文章での使用頻度が高い。

隔靴掻痒　かっかそうよう

靴の上から、かゆいところを一所懸命にかいてもどうにもならないこと。転じて、物事が思うように進まなくて非常にもどかしいという意味。

画竜点睛　がりょうてんせい

竜の絵を描いて最後に睛(ヒトミ)を書き入れること。それを加えることにより物事が成就すること。肝心な部分が抜けていることを「画竜点睛を欠く」という。

閑話休題　**かんわきゅうだい**

前置きや無駄話を打ち切って、話の本題に入るときに使用する語。「それはさておき」ともいう。現在では、後者のほうがより一般的である。

旗幟鮮明　**きしせんめい**

主張や立場がはっきりしていること。

「総選挙前に、旗幟鮮明な新政党が結成された」などと使う。

空前絶後　**くうぜんぜつご**

今までに例がなく、おそらく今後も決して出現しないような、非常に稀なこと。比較できるような物事が過去になく、将来にもないと思われるような珍しいこと。

空理空論　**くうりくうろん**

確かに道理は通っているのだけれど、現実からかけ離れていて実際には何の役にも立ちそうもない理論のこと。「彼は空理空論を唱えているだけだ」などと使う。

行雲流水　**こううんりゅうすい**

空を行く雲と流れる水のように自然のままに行動することや、物事にとらわれないで平静でいる心境。自然のなりゆきに従うこと。

荒唐無稽　**こうとうむけい**

「荒唐」も「無稽」も根拠がなくでたらめなことを意味する語。当然、ふたつの語がくっついても同じような意味になる。言説に根拠がなくでたらめなこと。

三寒四温　**さんかんしおん**

立春を過ぎて、徐々に春らしくなっていく様子をこう表現する。寒い日が三日続くとその後の四日は暖かい日が続き、これが繰り返される気象現象のこと。

山高水長　**さんこうすいちょう**

山が高くそびえ、川がどこまでも流れ続けることにたとえ、不朽の功績、名誉を讃えた言葉。立派な人の功績や名誉が末永く伝わること。

大山鳴動　**たいざんめいどう**

「大山鳴動して鼠一匹」というように用いる。大きな山がうなりを発して揺れ動いたわりには、出てきたのは鼠一匹という意味で、大騒ぎのわりには結果が小さいこと。

津津浦浦　**つつうらうら**

「津」は船つき場や人の集まる所。「浦」は入り江または海岸のこと。「津津浦浦」で全国いたる所の港や海岸という意より、あらゆる所という意味で用いる。

博引旁証　**はくいんぼうしょう**

「旁」は広く、あまねくという意味。「博く引き旁(アマネ)く証す」。物事を論じたり決めたりするときに、多くの材料を引き出し証拠をあまねく示すこと。

無理難題　**むりなんだい**

道理にはずれた言いがかりや、要求、とうてい解決できない困難な問題など、実現不可能なこと。相手を困らせるための、困難な要求、注文など。

門戸開放　**もんこかいほう**

制限なくして自由に出入りできること。国に当てはめれば、物質やお金、人の出入りの制限をとっぱらって、自由に行き来できるようにすること。

余韻嫋嫋　**よいんじょうじょう**

「嫋嫋」は音声が細く長く続く様子。発声が終わってもなお残っている響きが、絶えることなく続いていること。また、印象的な出来事がもたらす余情にもたとえる。

竜頭蛇尾　**りゅうとうだび**

頭は竜だが尾は蛇という意。転じて、はじめは勢いが盛んであるが、終わりになるにつれ段々と勢いが衰え、最後はさっぱり振るわないということ。

《まだまだあります。身近なところに難読漢字》

食

灰汁 渋みや苦みの成分です あく

饂飩 日本の麺の代表でしょう うどん

蒲鉾 魚の身をすり砕いて作りました かまぼこ

加薬飯 「火薬飯」ではありません かやくめし

甘露煮 小魚や果実を甘く煮込んだ料理 かんろに

急須 お茶をのむときの必需品 きゅうす

金団 おせち料理に欠かせません! きんとん

珈琲　これがない喫茶店を見てみたい

胡椒　インド原産の香辛料

求肥　白玉粉を使った柔らかいお菓子

餃子　中国語「チャオズ」の訛り

燻製　長持ちするように…

米櫃　「かせぎ手」という意味も

搾菜　中国四川地方の漬物

杓文字　ご飯はこれですくいます

生薑湯　発汗を促す作用があります

醤油　日本のオリジナル調味料

コーヒー

こしょう

ぎゅうひ

ギョーザ

くんせい

こめびつ

ザーサイ

しゃもじ

しょうがゆ

しょうゆ

成吉思汗鍋　「成吉思汗」は人の名前です

水団　小麦粉の団子を実にした汁

鯣　酒のつまみといえば！

善哉　関西ではつぶし餡の汁粉

索麺　「素麺」とも書きます

蕎麦　大晦日にツルッと食します

竹輪　切り口が竹のよう…

粽　端午《たんご》の節句に食べます

田楽　いわゆる〝おでん〟のことです

天汁　てんぷらを食べるときに…

ジンギスカンなべ

すいとん

するめ

ぜんざい

そうめん

そば

ちくわ

ちまき

でんがく

てんつゆ

屠蘇	新年を祝いながら一杯	とそ
糠	「はかない」という意味も	ぬか
温燗	熱燗ほど熱くありません	ぬるかん
海苔	おにぎりに巻くと最高	のり
冷奴	夏の豆腐料理の代表格	ひややっこ
麩	味噌汁によく合います	ふ
俎	この上で包丁が踊ります	まないた
饅頭	中には甘い餡《あん》がたっぷり	まんじゅう
神酒	神様に供える御酒です	みき
味醂	酒の一種で調味料にも最適	みりん

水雲酢	酒のつまみにいかが?	もずくす
羊羹	餡や寒天を使った和菓子	ようかん
辣油	中華料理の調味料のひとつ	ラーユ
老酒	中華産の醸造酒	ラオチュー

色彩

鬱金色	鮮やかで美しい黄色	うこんいろ
臙脂色	ややくすんだ赤色	えんじいろ
群青	鮮やかな深い青色	ぐんじょう
琥珀色	やや黄色く透き通った色	こはくいろ

紺碧　空や海の青さを表すときは…　こんぺき
鈍色　濃い鼠色　にびいろ
縹色　薄い藍色。「花色」とも　はなだいろ
緋色　銅器などに塗る鮮やかな赤色　ひいろ
瑠璃色　紫色を帯びた紺色　るりいろ

日本の地名

安心院　大分県　あじむ
足羽　福井県　あすわ
我孫子　千葉県　あびこ

斑鳩　奈良県

諫早　長崎県

潮来　茨城県

指宿　鹿児島県

西表　沖縄県

奥入瀬　青森県

大歩危　徳島県

邑楽　群馬県

越生　埼玉県

音威子府　北海道

いかるが

いさはや

いたこ

いぶすき

いりおもて

おいらせ

おおぼけ

おおら

おごせ

おといねっぷ

乙訓	京都府
各務原	岐阜県
橿原	奈良県
上浮穴	愛媛県
象潟	秋田県
鬼無里	長野県
国府津	神奈川県
小牛田	宮城県
寒河江	山形県
酒匂川	神奈川県

おとくに
かがみがはら
かしはら
かみうけな
きさかた
きなさ
こうづ
こごだ
さがえ
さかわがわ

然別
宍粟
設楽
後月
宿毛
嬬恋
鳥栖
苫小牧
勿来
羽咋

北海道
兵庫県
愛知県
岡山県
高知県
群馬県
佐賀県
北海道
福島県
石川県

しかりべつ
しそう
したら
しつき
すくも
つまごい
とす
とまこまい
なこそ
はくい

階上　青森県

早池峰　岩手県

三次　広島県

三潴　福岡県

養父　兵庫県

温泉津　島根県

はしかみ

はやちね

みよし

みずま

やぶ

ゆのつ

《文学作品のタイトルも強敵です！①》

緋い記憶　高橋克彦　あかいきおく

安愚楽鍋　仮名垣魯文　あぐらなべ

浅茅が宿　石川淳　あさじがやど

蘆刈　谷崎潤一郎　あしかり

新世帯　徳田秋声　あらじょたい

夜来香　堀田善衛　いえらいしゃん

河童	芥川龍之介	かっぱ
黴	徳田秋声	かび
禽獣	川端康成	きんじゅう
虞美人草	夏目漱石	ぐびじんそう
吉里吉里人	井上ひさし	きりきりじん
黒蜥蜴	江戸川乱歩	くろとかげ
玄鶴山房	芥川龍之介	げんかくさんぼう

高野聖　泉鏡花　こうやひじり
古譚　中島敦　こたん
金色夜叉　尾崎紅葉　こんじきやしゃ
細雪　谷崎潤一郎　ささめゆき
更級日記　菅原孝標女　さらしなにっき
山椒大夫　森鷗外　さんしょうだゆう
潮騒　三島由紀夫　しおさい

紫苑物語	石川淳	しおんものがたり
驟雨	吉行淳之介	しゅうう
侏儒の言葉	芥川龍之介	しゅじゅのことば
春琴抄	谷崎潤一郎	しゅんきんしょう
心中天網島	近松門左衛門	しんじゅうてんのあみじま
栖	古井由吉	すみか
醒睡笑	安楽庵策伝	せいすいしょう

《文学作品のタイトルも強敵です！②》

蒼氓	石川達三	そうぼう
対髑髏	幸田露伴	たいどくろ
大菩薩峠	中里介山	だいぼさつとうげ
薪能	立原正秋	たきぎのう
多甚古村	井伏鱒二	たじんこむら
蓼食ふ虫	谷崎潤一郎	たでくうむし

耽溺	岩野泡鳴	たんでき
寵児	津島佑子	ちょうじ
妻隠	古井由吉	つまごみ
手鎖心中	井上ひさし	てぐさりしんじゅう
点鬼簿	芥川龍之介	てんきぼ
杜子春	芥川龍之介	とししゅん
敦煌	井上靖	とんこう

普賢	石川淳	ふげん
蒲団	田山花袋	ふとん
俘虜記	大岡昇平	ふりょき
変目伝	広津柳浪	へめでん
濹東綺譚	永井荷風	ぼくとうきたん
火垂るの墓	野坂昭如	ほたるのはか
不如帰	徳富蘆花	ほととぎす

万暦赤絵	志賀直哉	まんれきあかえ
弥勒	稲垣足穂	みろく
夫婦善哉	織田作之助	めおとぜんざい
藪柑子	徳田秋声	やぶこうじ
檸檬	梶井基次郎	れもん
楼蘭	井上靖	ろうらん
鹿鳴館	三島由紀夫	ろくめいかん

読める 書ける 意味が分かる
漢字力が自慢できる本

編著者　現代漢字研究会
発行者　真船美保子
発行所　KK ロングセラーズ
東京都新宿区高田馬場 2-1-2　〒169-0075
電話 (03)3204-5161(代)　振替 00120-7-145737
http://www.kklong.co.jp

印刷・製本　大日本印刷(株)

落丁・乱丁はお取り替えいたします。
※定価と発行日はカバーに表示してあります。

ISBN978-4-8454-5120-3　Printed In Japan 2020